Werner Rautenberg
Rüdiger Rogoll
Werde, der du werden kannst!

Anstöße zur Persönlichkeitsentfaltung
mit Hilfe der Transaktionsanalyse

Band 776, 288 Seiten, 6. Aufl.

Viele Menschen fühlen sich in ihrer persönlichen Entfaltung gehemmt und wissen nicht, warum. Die Auswirkungen auf das Familienleben und das berufliche Vorwärtskommen können oft fatal sein. Drum lohnt es sich, die Störungen rechtzeitig zu erkennen und aufzulösen. Mit Hilfe der Transaktionsanalyse, die kürzlich in Amerika entwickelt wurde, ist das heute sehr viel leichter als früher, diese Methode hilft jedem, seine Lebensgeschichte zu entziffern, mit sich selbst ins reine zu kommen und das Verhältnis zu den Mitmenschen aktiv zu gestalten. Es gibt einfache und bewährte Wege, auf denen man zu sich selbst finden und die Richtung bestimmen kann, in der man weiterwachsen will. Dieses Taschenbuch zeigt das anhand einfacher Beispiele aus dem Alltag und erläuternder Zeichnungen.

in der Herderbücherei

Rüdiger Rogoll
Ulrike und Christa Marwedel

Ich mag mein Kind – mein Kind mag mich!

Wie das Leben mit Kindern Spaß machen kann

Transaktionsanalyse für Eltern

Band 1268, 128 Seiten

Umdenken, umlernen und neue Erfahrungen sammeln macht Spaß und verschafft uns neue Lebensenergie. Deswegen wollen wir unser Wissen Eltern weitergeben. Wir bieten mit diesem Buch keine Erziehungsratschläge an, sondern hoffen, daß die Eltern durch die Alltagsbeispiele, Informationen und Übungen lernen, problematisches Verhalten bei sich und anderen zu erkennen, und angeregt werden, ihre persönlichen Problemlösungen zu finden. Wir möchten Eltern dazu verlocken, auch für sich selbst etwas Gutes zu tun, damit sie ein erfülltes Leben führen können, was auch ihren Kindern zugute kommt.

in der Herderbücherei

Herderbücherei

Band 593

Über das Buch

Menschliches Zusammenleben kann schön sein – ist jedoch in den meisten Fällen nicht unproblematisch. In der Ehe, in der Kindererziehung, im Berufsleben, in der Familie oder auch im öffentlichen Bereich ergeben sich Schwierigkeiten und Konflikte, die oft ganz unerwartet und für die Beteiligten unverständlich aufbrechen. Was spielt sich im Hintergrund, im unbewußten Bereich der menschlichen Person ab?
Alle Menschen sind vorbelastet von der Lebensgeschichte, die ihnen „eingeschrieben" ist, von ihrem „Skript".
In Amerika wurde eine sehr einfache, von jedem, der lesen kann, anwendbare Methode entwickelt zur Analyse unbewußter Prägungen und Verhaltensabläufe: die Transaktions-Analyse. Diese Methode hilft jedem Menschen, der sie anwendet, sein „Skript" zu entziffern, sich selbst besser verstehen zu lernen, sich positiv zu verändern und die Beziehungen zu Mitmenschen aktiv und ohne unbewußte Belastungen zu gestalten.
Die Transaktions-Analyse (TA) ist ein Weg, zu sich selbst und zu seinen Mitmenschen ein überzeugtes „o. k." sagen zu lernen.

Über den Autor

Rüdiger Rogoll, geb. 6. 10. 1940 in Wittenberg, stammt aus Breslau. Studium der Medizin in Köln, Mainz und Marburg. Facharztausbildung für Neurologie und Psychiatrie an der Medizinischen Hochschule Lübeck und am N.S. Hospital in Washington. Dort auch 1969 Beginn der psychotherapeutischen Ausbildung, die am N. W. Institute for TA in Seattle, Washington, vollendet und 1973 mit dem klinischen Examen in Honolulu abgeschlossen wurde. Seitdem hauptsächlich TA Einzel- und Gruppentherapie, z.Z. in eigener Praxis in Markdorf, Bodenseekreis.

Dr. med. Rüdiger Rogoll

Nimm dich, wie du bist

Herderbücherei

Originalausgabe
erstmals veröffentlicht als Herder-Taschenbuch

1. Auflage September 1976
2. Auflage März 1977
3. Auflage Oktober 1977
4. Auflage Juni 1978
5. Auflage Dezember 1978
6. Auflage Mai 1979
7. Auflage Dezember 1979
8. Auflage Juni 1980
9. Auflage Januar 1981
10. Auflage September 1981
11. Auflage Dezmber 1981
12. Auflage September 1982
13. Auflage Juni 1983
14. Auflage Februar 1984
15. Auflage Oktober 1984
16. Auflage Juli 1985
17. Auflage Mai 1986

Alle Rechte vorbehalten – Printed in Germany
© Verlag Herder Freiburg im Breisgau 1976
Herder Freiburg · Basel · Wien
Herstellung: Freiburger Graphische Betriebe 1986
ISBN 3-451-07593-8

Inhalt

Einführung 9

Analyse der Einzelperson (Struktur-Analyse) 13
Ich-Zustände 13 – Diagnostik der Ich-Zustände 16 – Egogramm 20 – Ausschluß 25 – Ich-Zustandsgrenzen 26 – Trübung 27 – Enttrübung 28

Transaktions-Analyse 31
Einfache Transaktion 32 – Gekreuzte Transaktion 33 – Verdeckte Transaktion 36 – Galgen-Transaktion 38

Zuwendung (strokes) 39
Grundhaltung 43 – Lebenshaltung 44

Zeitgestaltung (time-structure) 45
Rückzug 45 – Ritual 46 – Zeitvertreib 46 – Aktivität 46 – Ränkespiele 47 – Innigkeit (Intimität) 47

Rabattmarken, Gefühlsmaschen und (Ränke)spiele 51
Dramadreieck 55

Spielanalyse 65

Lebensmanuskript (life-script) 71
Strukturanalyse zweiter Ordnung 71 – Einschärfungen 74 – Skriptentscheidung 78 – Banales Skript 81 – Gegeneinschärfungen 82 – Lebensprogramm 83 – Skriptmatrix 83 – Gewinner und Verlierer 89

Skriptanalyse 97
„Klassische" Skriptanalyse 97 – Vertrag 100 – Miniskript 101

TA in der Familie 115

TA in der Ehe 129

Literaturverzeichnis 139

Einführung

Während meiner Assistentenzeit, als ich auf dem weiten Feld der Psychotherapie (= Behandlung seelischer Störungen) noch völlig unbedarft war, wurde einmal eine 30jährige Frau nach einem Selbstmordversuch stationär aufgenommen, deren Masche es war, wie ein kleines Kind zu weinen, wenn etwas nicht nach ihrem Willen ging oder wenn sie Schwierigkeiten ihres Lebens beklagte. Das bekam ich ganz besonders deutlich zu spüren, als ich eines Tages ganz alleine Visite machen mußte. Nach längerem Erzählen liefen die Tränen über ihr hübsches Gesicht, wobei ich mich unwillkürlich an einen jener tränenrührigen Hollywood-Filme erinnert fühlte, auf der andern Seite mir aber im klaren darüber war, daß diese Frau sich unglücklich fühlte und kein Theater spielte (jedenfalls nicht bewußt). Ich war völlig verunsichert und hilflos und wußte nicht, welcher meiner „inneren Stimmen" ich folgen sollte. Die eine (die wohl lauteste) sagte: „Nimm Frau A. doch einfach in den Arm und tröste sie." Eben das wurde aber von einer zweiten Stimme ganz energisch verboten, da ich damit eher meinen (vielleicht auch ihren) Wünschen bzw. Trieben nachkäme, als daß ich Frau A. helfen könnte. Wieder eine andere Stimme schlug mir vor, Frau A. nicht als Kind anzusehen, sondern als erwachsenen Menschen, mit dem man über seine Sorgen sprechen könnte. Glücklicherweise kam meiner inneren Not diesmal der Zufall zu Hilfe, indem nämlich mein Vorgesetzter erschien, der schluchzenden Frau A. einen Arm um die Schulter legte und sie gütlich zu beschwichtigen suchte: daß doch alles nicht so schlimm sei und alles gut würde, wenn sie einige Zeit der Erholung in der Klinik verbracht haben werde. Aus mir damals völlig unverständlichen Gründen hörte das Schluchzen durch dieses Versprechen keineswegs sofort auf. Warum nicht? Hatte Frau A. jetzt nicht das, was sie (unbewußt) wollte (nämlich Zuwendung)? Oder wollte sie doch etwas ganz anderes und wußte nur nicht, wie danach fragen? Wußte sie überhaupt, was sie wollte? Oblag es nicht meiner Aufgabe und Verantwortung als Arzt, das herauszufinden? Doch wie? Diese aufdringlichen Fragen trugen damals nicht gerade zur Klärung meines Gedankenwirrwarrs bei.

Als Frau A. eines Tages erneut mit ihrer Masche begann und ich mich mittlerweile wieder äußerst unwohl fühlte, sah ich ein Segelbuch auf ihrem Tisch und fragte, ob sie segle. Nachdem sie dies bejaht hatte, unterhielten wir uns rein sachlich einige Minuten über Segeln. Dabei spürte ich, wie schnell sich meine innere Verkrampfung löste, Frau A. nicht mehr schluchzte, ihre bislang kindlich-weinerliche Stimme fester wurde, sie ihren zusammengesunkenen Körper etwas aufrichtete und ihr schmollender Gesichtsausdruck sich in den einer klar denkenden, erwachsenen Frau verwandelte. Was war denn jetzt geschehen? Warum kamen wir plötzlich viel besser miteinander aus?

Alle diese Fragen, die sich an weiteren Beispielen zwischenmenschlicher Beziehungen aus dem Berufs- und Privatleben noch häuften, suchte ich über die unterschiedlichsten Bücher und Lehrer verschiedener psychotherapeutischer Schulen zu klären. Ich fand viele gute und schlechte Antworten, mir verständliche und unverständliche. Jedoch die letzten Zweifel und im Theoretischen steckengebliebenen Deutungen der in der Praxis des Alltags aufgekommenen Fragen verschwanden, als ich die Transaktions-Analyse (TA) kennenlernte. Ganz klar, beinahe mathematisch genau, vermochte ich nun, mit ihrer Hilfe alteingefahrene Verhaltensweisen bei mir, meinen Mitmenschen und bei unseren Beziehungen untereinander zu erkennen, ja sogar aus einer gegebenen Situation die unmittelbar zukünftigen Reaktionen weitgehend vorauszusagen.

Um diese Möglichkeit, nämlich sich selbst und andere sowie das Umgehen miteinander genauer kennen und eventuell verbessern zu lernen, besonders in Laienkreisen einzuführen, dazu soll dieses Buch beitragen. Denn immer wieder werden gerade hier Stimmen laut, die die Unverständlichkeit vieler von Fremdwörtern, Fachausdrücken und allzu theoretisch-abstrakter Gedankenführung angefüllten psychologischen Bücher beklagen: „Haben diese studierten Leute denn über all ihrer Wissenschaft die schlichte Sprache verlernt? Hätte Martin Luther, anstatt den Leuten aufs Maul zu schauen, seine Bibel ebenso fremdartig übersetzt, ob es dann je eine deutsche Einheitssprache gegeben hätte?" Zu solchen Beschwerden soll dieses Buch nach Möglichkeit keinen Anlaß geben, zumal TA sich bewußt einer einfachen Ausdrucksweise bedient, die von einem Hilfsarbeiter ebenso verstanden wird wie von einem Hochschulprofessor. Begreiflich stellt sich auch das theoretische Grundmodell der TA dar, denn jeder Mensch weiß, was Eltern, Kinder und was Erwachsene sind und wie sie sich im wesentlichen voneinander unterscheiden. In dieser Einfachheit liegt wohl auch der Hauptgrund für die rasche und weltweite Verbreitung der TA in den letzten Jahren, obgleich sie doch erst Ende der 50er Jahre von einem nordamerikanischen Psychoanalytiker, Eric Berne, ins Leben gerufen worden war. Berne hat nämlich in seinen analytischen Gruppen festgestellt, daß er über seine Patienten wesentlich mehr und Genaueres erfahren konnte, wenn er, statt sich lediglich ihren ausgesprochenen Gedankenverknüpfungen zu widmen, ihre ungezwungenen Gespräche und ihr Verhalten untereinander hier und jetzt beobachtete und untersuchte (= analysierte). Auf diese Weise begründete er eine der neueren Formen der Kurztherapie, die von seinen Mitarbeitern und Schülern eifrig aufgenommen wurde und bis heute hin emsig erweitert und vervollkommnet wird. Daß es innerhalb eines so rasanten und von zahlreichen unterschiedlichen Forschern betriebenen Entwicklungsprozesses gelegentlich zu Meinungsverschiedenheiten, vielleicht sogar zu Widersprüchlichkeiten kommt, ist wohl verständlich. Sie sollen in diesem Buch weitgehend vermieden werden; vielmehr werden hier die gängigsten und allgemein anerkannten Gesichtspunkte der TA in den einzelnen Kapiteln beschrieben und an Beispielen erläutert.

Die Vollständigkeit des hier behandelten TA-Stoffes (die bis Ende 1974 erschienene TA-Literatur wird hier berücksichtigt) mag dieses Buch auch für an TA interessierte Fachleute als grundlegende Einführung in TA lohnenswert erscheinen lassen, bevor sie zu den geläufigen, teilweise auch schwierigen TA-Büchern greifen, die jedoch meistens nur ein (oder mehrere ausgewählte) Kapitel in mehr Ausführlichkeit schildern.

Schließlich soll noch eine allgemein von nicht Fachkundigen zu Recht sehr oft gestellte Frage beantwortet werden: „Was ist eigentlich der Unterschied zwischen den verschiedenen ‚Psycho-Leuten'?"

Psychologen sind Wissenschaftler, die die Ursachen und Wirkungen von Erleben und Verhalten untersuchen und sich mit Methoden ihrer Messung, Auswertung und Behandlungsmöglichkeiten beschäftigen.

Psychiater sind Fachärzte, die sich vom medizinisch-biologischen Standpunkt her der Erkennung, Beschreibung, Vorbeugung und meist medikamentösen Behandlung seelischer Krankheitsbilder widmen.

Psychotherapeuten sind meist Psychologen oder Psychiater, oft aber auch Internisten, Frauenärzte, Theologen, Pädagogen, Soziologen, Sozialarbeiter, Krankenpfleger und Schwestern, die eine besondere, zusätzliche Ausbildung in der Behandlung seelischer Störungen erhalten haben. Zu den heute bekanntesten Schulen, die sich so verschiedenartig wie die Menschen selbst ausnehmen, gehören: Bewegungs-, Gesprächs-, Gestalt-, Gestaltungs-, Musiktherapie, Psychodrama, TA, Urschrei- und Verhaltenstherapie.

Die älteste, in Ausbildung und Behandlungsdauer langwierigste Therapieform ist die klassische, große Psychoanalyse; nur die Psychotherapeuten, die die letztere ausüben, werden *Psychoanalytiker* genannt.

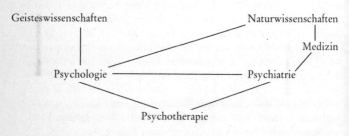

Bewegungstherapie, Gesprächstherapie, Gestalttherapie, Gestaltungstherapie, Musiktherapie, Psychodrama, TA, Urschreitherapie, Verhaltenstherapie, Psychoanalyse

Aus diesem Schema geht auch deutlich hervor, daß die TA nicht die Patentlösung ist, sondern eine Möglichkeit der Psychotherapie neben anderen, die sich allgemein nicht scharf voneinander abgrenzen lassen. Die TA ist aber eine der wenigen Methoden, die nicht auf ihrer Ausschließlichkeit beharren, sondern gerne mit den anderen eng zusammenarbeitet. Die z. Z. wohl erfolgreichste Kombination besteht zwischen TA und Gestalttherapie.

TA gliedert sich in vier Hauptabschnitte, mit denen zwischenmenschliches Verhalten verstanden werden kann:
1. Struktur-Analyse, um zu verstehen, was in einem Menschen vorgeht.
2. Transaktions-Analyse, um zu verstehen, was zwischen zwei Menschen vorgeht.
3. Spiel-Analyse, um krumme, verdeckte, mit schlechten Gefühlen endende Beziehungen der Menschen untereinander zu verstehen.
4. Skript-Analyse, um das „Lebensdrehbuch", den „Lebensfahrplan", zu verstehen, dem der einzelne folgt.

Analyse der Einzelperson
(Struktur-Analyse)

Daß eine Persönlichkeit aus mehreren unterschiedlichen Schichten besteht, die sich oft sehr deutlich gegeneinander abgrenzen lassen, ist keinesfalls eine neue Entdeckung. Im Altertum unterteilten einige griechische Schulen den Menschen in drei funktionelle Einheiten:
1. Der „Sklave", der verantwortlich ist für Triebe und Gefühle des Individuums, wird in die Beckenregion gelegt.
2. Der „Meister", der über Fragen des Lebens nachdenkt und entscheidet, was zu tun und zu lassen ist, wohnt in der Brust.
3. Der „Wächter", der das gesamte Individuum kontrolliert, hat seinen Sitz im Kopf.

In der modernen Zeit beschäftigte sich besonders Alfred Adler in seiner Individualpsychologie mit den verschiedenen Persönlichkeitsstrukturen. Auch bei der TA liegt das Hauptinteresse in dem Studieren und Erkennen von verschiedenen Ich-Zuständen. Diese stellen bei jedem Individuum ein einheitliches System seines Denkens, Handelns und Fühlens dar, das sich in entsprechenden Verhaltensweisen äußert.

Von diesen Ich-Zuständen lassen sich bei jedem Menschen drei Grundtypen unterscheiden:
1. *Der Eltern-Ich-Zustand* (vereinfacht: *Eltern-Ich* oder nur EL) leitet sich her von den Eltern bzw. deren Stellvertretern, wie z. B. Großeltern, älteren Geschwistern, Lehrern sowie anderen Vorgesetzten, Autoritätspersonen und Fürsorgern, deren Verhaltensweisen wir übernommen und sozusagen wie auf einem Tonband in unserem Gehirn gespeichert haben. – In unserem EL handeln, sprechen, reagieren, fühlen und denken wir so, wie es *unserem Empfinden nach* unsere Eltern getan haben, als wir selber noch klein waren.

Das EL straft und belohnt, kritisiert und ermutigt, ist verantwortlich für Erziehung, Tradition, Werte, Ethik und Gewissen, es ist lebensnotwendig für das Überleben von Kindern, Kultur und Zivilisation.

2. *Der Erwachsenen-Ich-Zustand* (vereinfacht: *Erwachsenen-Ich* oder ER) arbeitet wie ein Computer; mit ihm beobachten wir objektiv unsere Umgebung und wägen Möglichkeiten und Wahrscheinlichkeiten auf Grund früherer Erfahrungen ab. Das ER stellt unseren leidenschaftslosen, fantasielosen und nüchternen Persönlichkeitsteil dar, der mit den fünf Sinnen Tatsachen und Informationen aus unserer Umgebung und aus uns selbst sammelt, sie nach einem logisch ablaufenden Programm verarbeitet und schließlich daraus Konsequenzen zieht. Im ER arbeiten wir abgesondert von unseren Gefühlen und Stimmungslagen, was für ein unvoreingenommenes Betrachten und Erkennen der Wirklichkeit unabdingbare Voraussetzung ist; es können aber Gefühle der beiden anderen Ich-Zustände informativ mitverwertet werden. – Wenn das ER unzureichende oder gar falsche Daten erhält, kann es natürlich auch keine richtigen Aussagen machen.
3. *Der Kind-Ich-Zustand* (vereinfacht: *Kind-Ich* oder K) ist im wesentlichen ein aus der Kindheit beibehaltenes Verhaltensmuster, das sich im Laufe unseres gesamten Lebens immer wieder als das bekannte „Kind im Manne" (aber ebenso *Kind* in der Frau) kundtut. In unserem K finden wir alle unsere Wünsche, Bedürfnisse und Gefühle. Im K handeln denken und fühlen wir so, wie wir es in unserer gesamten Kindheit getan haben. – Um den *Kind-Ich*-Zustand im Erwachsenen zu studieren, braucht man z. B. nur einem Fußballspiel beizuwohnen. Dort kann man die verschiedensten kindähnlichen Ausdrücke und Gestikulationen von überschießender Freude und Ärger, Wut und Enttäuschung oder Entzücken beobachten. Wenn wir uns im *Kind-Ich*-Zustand befinden, spielen, lachen und weinen wir, jauchzen, tanzen singen wir, aber empfinden auch Schmerzen, Trauer, Angst, Enttäuschung, Eifersucht, Haß, Argwohn, Neid, Sehnsucht, Glück und Begeisterung und (das wohl größte Gefühl) Liebe mit all ihren mannigfachen Schattierungen.

Herkömmlich werden diese drei Ich-Zustände in den für TA symbolisch gewordenen drei übereinanderstehenden Kreisen (schneemannartig) graphisch dargestellt. (Abb. 2)

Ein einfaches Beispiel, sich die graphisch dargestellten Ich-Zustände zu merken, ist eine Verkehrsampel:

Rot: *(Eltern-Ich)* gebietet: Wir müssen halten, dürfen auf keinen Fall weiter, und es bleibt uns zu unserer eigenen Sicherheit nichts anderes übrig, als zu gehorchen, wenn auch oft zähneknirschend.

Gelb: *(Erwachsenen-Ich)* erfordert: Achtsamkeit, Umschau und

Überlegung, was als nächstes zu tun ist und welcher Weg einzuschlagen ist.

Grün: *(Kind-Ich):* Freie Fahrt – natürlich im Rahmen des Möglichen. Das Gefühl der Zufriedenheit vermindert unseren Ärger und vermag uns sogar echt zu erfreuen.

In der Praxis hat es sich als nützlich und erforderlich gezeigt, die einzelnen Ich-Zustände noch einmal zu unterteilen. Den *Eltern-Ich*-Zustand teilt man seiner Funktion nach in einen nährenden (n-EL) und einen kritischen oder kontrollierenden (k-EL) Teil ein. Dem n-EL kommen sämtliche Eigenschaften eines fürsorgenden Beschützers zu: Pflegen, Hegen, Loben, Unterstützen, Helfen, Ernähren, Lehren, Umsorgen, „Betuddeln",..., also bildlich alles das, was eine Mutter mit ihrem Neugeborenen macht. – Vom k-EL gehen diejenigen Eigenschaften aus, die uns gewöhnlich von strengen Autoritätspersonen her bekannt sind: Kritisieren, Befehlen, Beherrschen, Tyrannisieren, Abwerten, Strafen, Züchtigen, Schimpfen, Kontrollieren und Für-Ordnung-Sorgen.

Den *Kind-Ich*-Zustand unterteilen wir in das angepaßte K (a-K) und das freie (oder natürliche) K (f-K). – Im a-K eines jeden Menschen finden wir die Eigenschaften eines von seinen Erziehern und seiner Umwelt beeinflußten Kindes: Gehorchen, Sich-Benehmen, Auswendiglernen, Sich-Zurückziehen, Sich-schuldig-Fühlen, Verschließen, Schmollen, Sich-Fürchten, Zögern; es ist aufsässig, höflich, rebellisch, „knatschig", reumütig, ohne eigene Initiative und Meinung, sich immer nach anderen ausrichtend. Sämtliche Gefühlsmaschen (siehe später) kommen aus dem a-K. – Im f-K dagegen sehen wir das unbeeinflußte Kind. Es spielt, faulenzt, freut und ärgert sich, forscht neugierig umher, erfindet, lacht und weint nach seinem Gutdünken, ist spontan, schamlos und nackt, quält Lebewesen, weiß nichts von Recht, Moral und Ethik. – Das freie Kind drückt sich also selber spontan aus, ohne sich um die Reaktionen all der Elternfiguren in der Welt zu kümmern, während wir unser angepaßtes *Kind* zeigen, wenn wir uns eingeschliffener Verhaltensweisen bedienen, mit deren Hilfe wir immerhin mit anderen Menschen auskommen und sogar für uns wichtige Menschen auf uns aufmerksam machen können.

Der intuitiv-schöpferische, neugierig pfiffig-manipulative Teil des *Kind-Ich*-Zustandes wird auch „Kleiner Professor" genannt und entstammt der Strukturanalyse zweiter Ordnung (siehe S. 71). Von ihm aus stellen z. B. Kinder die natürlichen und unbefangenen Fragen, die Erwachsene in peinliche Verlegenheit bringen können; „Vati, was ist Sex?", „Warum muß man aufs Klo?" „Warum hat die Tante so'n dicken Bauch?" Aber den „Kleinen Professor" sehen wir auch in dem betagten Familienvater, der am Strand sitzt und eine Sandburg baut oder der für seine Kinder Laubsägearbeiten fertigt. – Ein treffendes Beispiel für den „Kleinen Professor" bot ein siebenjähriger ABC-Schütze in einem Schulbus, in dem er keinen Sitzplatz mehr fand. Prompt wendete er sich an den nicht gerade aufgewecktesten Mitschüler: „Du, Fritz, du sitzt im falschen Bus." Fritz stieg auch wirklich aus, und der „Kleine Professor" hatte seinen Sitzplatz.

Wie können wir nun die einzelnen Ich-Zustände voneinander unterscheiden und sie an uns und unseren Mitmenschen erkennen (diagnostizieren)? Dazu müssen wir unseren ER einschalten, der an dem zu prüfenden Individuum 1. die Körperhaltung beobachtet – 2. dem Klang der Stimme lauscht und – 3. schließlich bestimmte Wörter und Sätze erkennt. Diese drei Diagnoseformen beziehen sich auf das *Verhalten* einer Person.

1. Die Haltung und Bewegung des Körpers – insbesondere der Gesichtsausdruck – sind oft schon hinweisend auf einen bestimmten Ich-Zustand: so z. B. für das k-EL der erhobene Zeigefinger, die zusammengezogenen Augenbrauen, der furchterregende Blick, Kopfschütteln, ungeduldiges Tapsen mit dem Fuß, die Hände in die Hüften stemmen bei breitbeinigem Stand oder die Arme vor der Brust kreuzen, Seufzen, von oben herabblicken, Nase rümpfen. – Das n-EL würde man leicht erkennen in einem Mädchen, das seine Puppe badet, umzieht und in den Schlaf wiegt; in einer Krankenschwester, die eine Wunde säubert und einem Fieberndem die nasse Stirn trocknet, in einem Jungen, der ein angefahrenes Tier zu Hause gesund pflegt oder der einen gebrechlichen Menschen über die Straße führt, in dem Lehrer, der einem verstörten Schüler wohlwollend zuspricht oder einem gehemmten Prüfungskandidaten freundlich ermunternd zunickt, und in dem Kind, das ein anderes streichelt.

Der ER wird an seiner ausgeglichenen Bewegung des Körpers, Gesichtes und der Augen erkannt, mit einem Lidschlag alle drei bis fünf Sekunden. Sein Gesicht schaut gradeaus, der Kopf ist weder gesenkt (K) noch erhoben (EL)! – Hier können wir den Chemiker den Inhalt seines Reagenzglases gegen das Licht prüfen sehen, den Siebenjährigen seine Rechenaufgaben an den Fingern abzählen und den in seine Abrechnung vertieften Kaufmann.

Für das a-K sind charakteristisch: gesenkter Kopf (und Augen), hochgezogene Schultern, Wutausbrüche aller Art mit den entsprechenden Gestikulationen (oft bei den Eltern erlernt), störrisches

Fußstampfen, Nägelkauen, Hofknickse, Bücklinge, Strammstehen, verstohlener Blick (z. B. bei einem auf einen Tänzer wartendes verschüchtertes Mädchen), aber auch: Handheben für die Erlaubnis, sprechen zu dürfen, Warten an der roten Ampel, Rücksichtnehmen, Taktgefühl und gutes Benehmen. – Das f-K fällt auf in tanzenden, schreienden, neckenden oder lachenden Menschen, mit der elektrischen Eisenbahn spielenden Vätern, einem mit 200 km/h rasenden Autofahrer, dem Gebaren eines Betrunkenen, dem Jungen, der eine Katze am Schwanz umherwirbelt oder der dem Schutzmann die Zunge herausstreckt, beim Nasebohren oder auch in leuchtenden Gesichtern, z. B. beim Auspacken von Geschenken, bei hemmungslosem Sprechen und Handeln, Selbstbezogenheit, Rücksichtslosigkeit, Taktlosigkeit.

Diese „Körpersprache" vermittelt uns erste Eindrücke über den Ich-Zustand anderer Personen, ohne mit diesen ein Gespräch führen zu müssen. Gelegentlich steht uns dieses diagnostische Hilfsmittel als einziges zur Verfügung, z. B. bei Ausländern, deren Sprache wir nicht verstehen, oder beim Betrachten eines Stummfilms. Ausschließlich auf diese Diagnostik angewiesen sind unsere taubstummen Mitmenschen.

2. Eine weitere Möglichkeit, Ich-Zustände zu erkennen, bietet uns der Klang der Stimme, wie das laut knarrende Organ des „Spießes" auf dem Exerzierplatz (k-EL), die warme, beruhigende Stimme eines tröstenden Pfarrers (n-EL), die sachlich klare, dialektfreie und leidenschaftslose eines Nachrichtensprechers (ER), die vor Freude und Begeisterung sich überschlagende Stimme eines Sportreporters, dessen begünstigte Mannschaft ein Spiel gewann (f-K), die eines leise, ängstlich und stockend sprechenden verunsicherten Prüfungskandidaten (a-K).

3. Die dritte Art bietet sich schließlich im Erkennen bestimmter charakteristischer Worte an: *k-EL:* müssen, sollen, befehlen, verbieten, immer, niemals, nein! – Pflicht, töricht, lächerlich, absurd, kindisch, du Faulpelz, Idiot, Esel, Kamel ect! – *n-EL:* sich sorgen, pflegen, beraten, ermuntern, erlauben, retten, schützen, helfen, wohlwollend, fürsorglich, lieb, du Armer, du Lieber...

ER: wer, was, wann, wo, wie, warum, wieviel, vergleichen, überlegen, informieren, messen, entscheiden, rechnen, objektiv, richtig, falsch, unbekannt, möglich, wahrscheinlich, ungenau, wirklich, realistisch. Ich denke, ich sehe, ich höre, es ist meine Meinung.

f-K: tanzen, jauchzen, frohlocken, lachen, probieren, trotzen, schreien, unbekümmert, neugierig, erfinderisch, schamlos, natürlich, spontan, frech, Ah! Oh! Ih! Ach! Holla! Joi! Ätschbätsch! Ich wünsche, ich möchte, das ist mir egal, super, dufte, Klasse.

a-K: ich glaube, ich befürchte, ich möchte gefallen, ich hoffe, ich will versuchen, ich kann nicht, beneiden, sich ärgern, schmollen, gehorchen, quengeln, nörgeln, dürfen, danken, Fremd- und Modewörter.

An Hand solcher Wörter und Ausdrücke sowie dem Stimmklang und Tonfall, in dem sie hervorgebracht werden, vermögen wir Ich-Zustände zu erkennen, ohne die betreffende Person vor Augen zu haben, z. B. am Telefon, bei Hörspielen oder bei Tonbandaufzeichnungen (weswegen bei TA-Gruppensitzungen meist ein Tonband zur Selbstbeurteilung mitläuft). Unsere blinden Mitmenschen haben bei sich diese Möglichkeit zur Einschätzung ihres Gegenübers sehr gut entwickelt.

Neben diesen Verhaltensformen können Ich-Zustände auch über die *soziale* Diagnose erkannt werden, also daran, wie jemand mit anderen Menschen auskommt. Wenn jemand von seinem a-K aus sagt: „Ich kann nicht..." wird er höchstwahrscheinlich bei anderen Personen das EL anpeilen. Tritt jemand mit Chefallüren (EL) auf, indem er alles (besser) zu wissen meint, wird er schnell das K in den andern verärgern. Verhält sich jemand objektiv, sachlich und überlegt, so werden die anderen wahrscheinlich auch von ihrem ER aus ihm gegenüber reagieren. Wer sein Freude liebendes K herausbringt, der wird bald ebenfalls fröhliche *Kinder* um sich haben.

In der *historischen* Diagnose wird der Vergleich mit der Kindheit hergestellt. Wer als Erwachsener so spricht, wie er es als Kind getan hat, ist bestimmt in seinem K, oder wer sich so aufführt, wie Mutter oder Vater es früher getan haben, handelt aus seinem EL heraus, d. h., er hat sein EL besetzt.

Eine *phänomenologische* Diagnose stellt man, indem man seine eigenen Gefühle erkennt. Man schaut in sich hinein und empfindet, ob man im EL, ER oder K ist. Dazu kann man verschiedene Techniken zu Hilfe nehmen, wie z. B. die Gestalt, um eine alte Szene noch einmal zu durchleben und dabei die betreffenden Ich-Zustände direkt zu erfahren.

Wie wir unsere Ich-Zustände an täglichen Beispielen gebrauchen, ohne groß darüber nachzudenken, zeigt uns Frau B., die sich mit ihrem Mann eine Schlafzimmerlampe kaufen will. Sehr schnell findet sie ihre „Traumlampe", und ihr freies *Kind* schwärmt voller Begeisterung von der süßen Form, den reizenden Bommeln und wie das Schlafzimmer doch jetzt ein ganz anderes Aussehen bekäme! Ihr recht nüchterner Mann informiert sich von seinem ER aus prüfend über Stabilität, Preis und praktischen Sinn der Lampe, mit dem Endergebnis, daß sie nicht brauchbar ist. Frau B. sieht das zwar ein (ER), aber der Wunsch (K) nach der Lampe scheint stärker zu sein. Sie befragt also ihre Mutter. Diese entrüstet sich (EL), daß man doch für ein Schlafzimmer nicht solchen Firlefanz kaufen könne, das verschlage ihr regelrecht den Atem. Sie wisse da etwas Besseres, wie sie ohnehin immer wisse, was für ihre Tochter gut sei. Nachdem Frau B.s so freudiger Gesichtsausdruck sich nun in den eines gescholtenen Kindes verwandelt hat, kauft sie eine Lampe nach Mutters Geschmack und gewöhnt sich allmählich an sie. Doch abends vor dem Schlafengehen ärgert sie sich des öfteren über ihre „Entscheidung" (die ja nur ein Gehorchen des a-K war), und es bleibt ihr nichts anderes übrig, als von der hübschen Lampe zu träumen oder ihren Ärger auf ihren Mann zu übertragen...

Jedem Ich-Zustand kommen unterschiedliche Aufgaben zu. Wenn diese jedoch ausgewechselt werden (wie bei Frau B., die die ihrem ER zugehörige Entscheidung ihrem a-K überläßt), kann es sehr schnell zu unliebsamen Folgen, insbesondere im Gefühlsleben, kommen; denn ein *Kind* kann noch keine tragfähigen Entscheidungen treffen. Hätte Frau B. vom f-K aus ihre „Traumlampe" gekauft, wäre sie so lange zufrieden gewesen, bis ihr ER die Unzweckmäßigkeit erkannt und ihr EL ihrer Mutter beigepflichtet hätte. Eine gute Lampe wäre also die, die vom praktischen her dem ER, von der Tradition her dem EL und vom Geschmack her dem K Genüge leisten würde.

In einem weiteren Beispiel will ich mich selbst hier und jetzt darstellen: Während ich dies niederschreibe, bemüht sich mein ER, dem Leser sachlich und verständlich Information zu vermitteln. Kein noch so objektiv geschriebenes Buch kann aber die Sachlichkeit und Trockenheit eines Telefonbuches erreichen, da der „Kleine Professor" (K) gelegentlich seine subjektive, persönliche Note vorwitzig mit hineinrutschen läßt. Mein kritisches EL hämmert mir ein, das Schreiben eines Buches doch den Schriftstellern zu überlassen, die können das viel besser, da sie sich gewandter und verständlicher ausdrücken können, außerdem gibt es genügend TA-Bücher von wesentlich fähigeren Fachleuten.

Am Niederlegen der Feder hindert mich jetzt mein für TA so begeistertes *Kind* und der ermunternde Zuspruch meines nährenden EL, an das wiederholt von Teilnehmern an meinen TA-Gruppen der Wunsch nach einem kurzen, leichtverständlichen TA-Buch herangetragen wurde. Zusätzlich hat mein EL noch einige Mühe, mein *Kind*, das sich nicht nur für TA alleine begeistert, am Schreibtisch ruhig zu halten, da es jetzt bei diesem Wetter viel lieber zum Segeln ginge.

Jeder Mensch antwortet und reagiert also zu bestimmten Zeiten und Ereignissen mit bestimmten Ich-Zuständen; auf diese verteilt er auch dementsprechend unterschiedlich seine seelische Energie, was sich sehr einfach an Hand eines *Egogramms* (Abb. 1) graphisch darstellen läßt. Wir können uns und anderen damit zu jeder Zeit sichtbar vor Augen führen, wie das momentane Kräfteverhältnis der einzelnen Ich-Zustände untereinander aussieht und ob, wie, wann und wieweit wir dieses unser Persönlichkeitsprofil ändern oder nicht. Da die seelische Gesamtenergie in einer Person konstant ist, kann einem Ich-Zustand nur auf Kosten eines anderen mehr Energie zufließen. Abb. 1 zeigt das Egogramm des Herrn C., bei dem sofort die beiden Säulen kritisches EL und angepaßtes K in ihrer Größe und das freie K in seiner Kleinheit auffallen. In der Tat haben die Gruppenteilnehmer Herrn C. als einen vorwiegend meckernden und nörgelnden 30jährigen Tischlermeister kennengelernt, dessen griesgrämiges Gesicht bald sprichwörtlich wurde. Herr C. beließ aber auch an sich selber nichts Gutes; er litt unter einer hochgradigen, negativen Selbstkritik, der schließlich in seinem Beruf kein verfertigtes Werkstück mehr Genüge leistete. Entsprechend fühlte er sich unzufrieden und nutzlos. Das, was ihn sonderbarerweise am Leben hielt, war sein freiwilliger Einsatz bei der Feuerwehr, wo er wirklich einiges geleistet hat (n-EL). Glücklicherweise bewies Herr C. einen gesunden Menschenverstand (ER), mit dessen Hilfe er sein seelisch energetisches Mißverhältnis erkannte, vor allem aber bald die nötigen Konsequenzen zu ziehen lernte. Denn nach einer für ihn scheinbar katastrophal verlaufenen Sitzung, in der er von der Gruppe mit seinem Nörgeln und seinem kartoffeligen Gesichtsausdruck konfrontiert wurde, begann er Information über seinen verkümmerten Ich-Zustand zu sammeln. Bald hatte er einen Vertrag erarbeitet: „Ich erlaube mir zu lachen". Keiner der Beteiligten wird je den Anblick vergessen, wie zum ersten Male sein Gesicht nach einem richtigen Lachen aufleuchtete und ein neugeborenes f-K unter uns lebte. Und wie es lebte! Bereits bei der nächsten Stunde zeigte er uns stolz seine „Energie-Einheiten", viele quadratisch geformte dünne Holzplättchen, die er zu seinem Egogramm aufgebaut hatte. Und bei jedem guten Gefühl nahm er ein Plättchen von einer der „großen" Säulen weg und fügte es in einer feierlich-aufregenden Prozedur seiner „aufstrebenden f-K-Säule" zu. Und diese wuchs in der Tat; denn Herr C. regte z. B. spaßbringende Zusammenkünfte an, auf denen er u. a. gesammelte Witze und Anekdoten zum besten gab. Nach insgesamt 8 Monaten hatte er sein Ziel erreicht: seine f-K-Säule überragte die geschrumpfte k-EL-Säule um ein Plättchen! Eine großartige Leistung! Die Befürchtung, daß sein f-K nun weiter in die Höhe schießen, Herr C. also in das andere Extrem umschlagen würde, ist unbegründet, da selbst bei TA die Bäume nicht in den Himmel wachsen!

Egogramme werden am besten vom „Kleinen Professor" aufgestellt, der intuitiv sehr gut das Auftreten und Benehmen anderer beobachtet. Wenn mehrere Individuen aufgefordert werden, das Egogramm ein und derselben Versuchsperson aufzuzeichnen, so fallen diese natürlich etwas unterschiedlich aus, da sich die prozentuale Angabe der seelischen Energie, mit der die einzelnen Ich-Zustände besetzt sind, nicht genau messen, sondern nur ungefähr schätzen läßt. Es kommt dabei ja auch nicht auf 10% mehr oder weniger an, sondern auf die relative Verteilung, und diese wird doch in weitgehender Übereinstimmung erreicht. Zeichnet die Versuchsperson jedoch über sich selbst ein von diesen anderen erheblich abweichendes Egogramm, so verkennt diese ihr wirkliches Verhalten und ist anderen gegenüber unaufrichtig, z.B. in Ränkespielen (s. später). Allerdings kann jemand auch sein „inneres" Egogramm zeichnen, das seinen augenblicklichen Gefühlszustand zeigt, nicht aber die gleichzeitige persönliche Ausstrahlung nach außen. Dieses mag sich dann wirklich von dem „äußeren" Egogramm deutlich unterscheiden.

Abb. 1: Egogramm

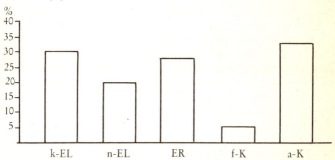

Da sich jeder Mensch als Individuum von den anderen unterscheidet, wird auch das Egogramm für jeden unterschiedlich ausfallen, es gibt also kein „normales" oder „unnormales" Egogramm! In einer gesunden Persönlichkeit finden sich sämtliche Ich-Zustände mehr oder minder stark vertreten, und sie sollten auch gleichberechtigt – jeder seiner Aufgabe entsprechend – genutzt werden; denn jeder dieser fünf (bzw. drei) Ich-Zustände hat seine Vor- und Nachteile, seine guten und schlechten Seiten, kann o.k. oder nicht o.k. sein, wie an den vorangegangenen Beispielen verdeutlicht werden sollte. Unsere tragfähigen Entscheidungen sind daher diejenigen, die wir im Einklang aller drei Ich-Zustände treffen: mit dem klaren Bewußtsein unseres ER, dem ermutigenden Zuspruch des EL und der natürlichen Begeisterung des K.

Die drei Ich-Zustände unterscheiden sich von Freuds theoretischer Dreiteilung *Überich-Ich-Es* durch Wirklichkeit, Anschaulichkeit, Erscheinungsform und Lebendigkeit. Jeder kann ungeachtet seiner Intelligenz, Bildung und des Umfangs seiner Geldbörse – mit etwas Übung auch bei sich selbst – die einzelnen Ich-Zustände in Aktion beobachten und mit ihnen hier und jetzt umgehen. Jeder kann z.B. bei den Menschen auf einer Rodelbahn deren K – unabhängig von ihrem wirklichen Alter – studieren und sein eigenes K mitspielen lassen, wenn es Lust dazu hat; nach einem Es hingegen wird er lange suchen müssen.

Wie relativ einfach ein Therapeut die Äußerungen eines verwirrten Patienten auf seine verschiedenen Ich-Zustände zurückführen und diese dem Patienten wiederum klarlegen kann, verdeutlicht folgendes Beispiel, das auch die in TA sehr wichtige Arbeit zwischen dem a-K und dem f-K (der Gefühlsmaske und dem wirklichen Wollen) andeutet. Frau D. kam vor einem Jahr in Behandlung wegen einer „neurotischen Depression", also einer Gefühlsmaske, die hauptsächlich auf einem Mangel an Zuwendung beruhte und die Frau D. soweit gelähmt hatte, daß sie nicht mehr arbeiten und ihren Haushalt versehen konnte. Irgendwelchen privaten Interessen gegenüber war sie nicht mehr aufzuschließen. Sie saß mit zerfurchtem Gesicht fast den ganzen Tag herum und heulte viel, wodurch sie sich einige Zuwendung verschaffte. Eine antidepressive medikamentöse Therapie brachte nur wenig Besserung. Nach einem Jahr intensiver Behandlung, in der die gesamte bunte Palette der TA und Gestalttherapie ausgelotet wurde, war Frau D. am Ziel ihres letzten Vertrages angelangt, nämlich sich nach der Arbeit ihren Hobbies und ihrer Partnerbeziehung zu widmen. Bisher hatte sie nämlich ihre Ich-Zustände zur falschen Zeit besetzt, indem sie bei der Arbeit ihr K von schönen Freizeitbeschäftigungen träumen ließ, ihr ER in der Freizeit sich Arbeitspläne überlegte und ihr EL ihr dann Vorwürfe über das zur Arbeitszeit Versäumte machte.

Diese „Heilung" war jedoch nicht stabil. Bald kamen Ängste auf, die Frau D. jetzt an der Tatsache aufhängte, daß ihr Freund, mit dem sie bereits seit Monaten zusammenlebte, seine mittlerweile nicht mehr benutzte Wohnung aufgeben wollte:

D: „Ich gabe Angst, seit ich weiß, daß mein Freund seine Wohnung aufgeben will."
Th: „Was könnte passieren?"
D: „Ich könnte mich gebunden fühlen, oder er wird mir auf die Nerven gehen."
Th: „Wie oft wohnt dein Freund jetzt bei dir?"
D: „Eigentlich täglich."
Th: „Und uneigentlich?"
D: „Auch."
Th: „Was würde sich in Zukunft nach seiner Wohnungsaufgabe daran ändern?"
D: „Nichts..." Nach einem kurzen Aufleuchten des Gesichts: „Aber woher habe ich da die Angst?"
Th: „Wer hat Angst?"
D: „Mein *Kind*."
Th: „Wovor?"
D: „Daß ich mich beengt fühlen werde."
Th: „Hast du dazu zur Zeit einen Anhaltspunkt?"
D: „Nein, überhaupt nicht."
Th: „Was ist das dann also?"
D: „Was meinst du...?"
Th: „Ihr lebt seit langem gut zusammen. Ohne daß sich an dieser Tatsache in Wirklichkeit etwas ändert, hast du Angst, daß er dir plötzlich auf die Nerven gehen wird. Wie nennt man denn so etwas?"
D: „Eine Befürchtung?"
Th: „Ja, und wer fürchtet sich?"
D: „Mein *Kind*."
Th: „Woher nimmt dein *Kind* seinen Grund zur Furcht?"
D: „Es fantasiert ihn..." Wieder ein kurzes Strahlen, „und ich glaube dieser Fantasie... – Ach, ja, du hast heute schon mehrmals von Fantasie und Wirklichkeit gesprochen... aber wie ich das mit der Angst machen soll..." sackt plötzlich wieder in sich zusammen und stiert vor sich auf den Boden.
Th: „Was möchtest du?"
D: „Meine Angst wegkriegen."
Th: „Sag mal deiner Angst, sie soll verschwinden."
D: „Natürlich geht das nicht."
Th: „Also wovor hast du Angst?"
D: „Vor der zu großen Abhängigkeit von meinem Freund."

Th: „Und das ist..."
D: „Eine Fantasie."
Th: „Wessen Fantasie?"
D: „Meine Fantasie."
Th: „Wie kannst du also deine Angst loswerden?"
D: „Indem ich meine..." richtet sich jählings auf und strahlt über das ganze Gesicht „Mensch klar, ich hör' auf zu fantasieren —"
Th und Gruppe klatschen Beifall.
Th: „Willst du eine neue Entscheidung treffen?"
D: „Ja, ich will nicht mehr fantasieren."
Th: „Was willst du statt dessen?"
D: „Oh je, mal überlegen..." Ihr Strahlen verlöscht.
Th: „Welcher Teil von dir fantasiert?"
D: „Mein *Kind*."
Th: „Wann fantasiert ein Kind?"
D: „Wenn es alleine ist... oder sich langweilt... Ja, ganz genau das ist es..."
Th: „Was möchte dein *Kind*?"
D: strahlt aufs neue: „Klar, spielen, den Umgang mit anderen Menschen genießen, schwimmen und wandern gehen... ach ja und viel Musik hören... und..."

Frau D. trifft daraufhin eine neue Entscheidung, nämlich ihre negativen Fantasien zu beenden und die dadurch frei gewordene Zeit (die sich auf mehrere Stunden täglich beläuft!) und Energie den Wünschen ihres f-K zukommen zu lassen.

Aus diesem Beispiel geht auch schon hervor, daß das K unser mächtigster Ich-Zustand ist. Vom K gehen alle Ränkespiele und Gefühlsmaschen aus und hindern uns an unserer Selbstentfaltung. Aus dem K stammt auch der Neid des Verlierers, der bei seinem Nachbarn etwas sieht, was er selber noch nicht besitzt, bisher aber auch noch nicht entbehrt hat. – Das *Kind* ist es auch, das sehr geschickt von den Werbefachleuten ausgenutzt wird, indem sie es mit angulären Transaktionen (siehe S. 37) einzufangen (zu haken) verstehen. Sie benutzen aber auch die geheimsten, oft utopischen Wünsche der Menschen, um ihre Ware zu verkaufen. Zum Beispiel wird modische Bekleidung durch Mannequins vorgestellt, deren Maße nur selten auf einen Durchschnittsmenschen zu übertragen sind. Damenstrümpfe und Mittel gegen Krampfadern werden auf den hübschesten Beinen angepriesen, mit der verdeckten Botschaft: „So schöne Beine kannst du haben, wenn du diese Artikel kaufst..." Ebenso werden Frisuren und Haarmittel auf Köpfen mit wahrhaftem Pelzwuchs angepriesen. Jedes *Kind* möchte gerne blenden und geblendet werden. Auf diesem *Kind* bauen ganze Industrien auf, wie z.B. die der Verpackung, Schönheitspflege, Schmuck und Mode, Unterhaltungsfilme (besonders Hollywood), Luxus- und Genußmittel, Lotto, Toto, Klatsch-Zeitschriften, Pornographie, schließlich auch Autos und vieles andere, worauf *Kinder* neugierig und oft auch versessen sind. Und sollten sie es etwa nicht sein, dann wird ihnen sehr schnell auf mannigfache Weise klargemacht, daß sie dies und jenes zu besitzen haben, um „in" zu sein bzw. als vollwertig zu gelten.

Wie viele EL schimpfen auf diese „Konsumgesellschaft", aber wie wenige *Erwachsene* ziehen die notwendigen Konsequenzen, da ihre *Kinder* viel zu sehr an Profit, Luxus und Bequemlichkeit hängen. Letztere würden auch sofort von ihrem demokratischen Veto Gebrauch machen, falls die ER-Vernunft sich etwa mit den *Eltern* der Behörden zu drastischen Gesetzgebungen vereinen wollte. Also wird die Biosphäre weiterhin verschmutzt und vergiftet. – Daß natürliche Umweltbedingungen und Industrie sich nicht gegenseitig ausschließen müssen, beweisen die vielerorts neu angelegten Luftfilter und Kläranlagen.

Ein geistig-seelisch gesunder Mensch ist also in der Lage, in einer bestimmten Situation den Ich-Zustand seiner Wahl zu besetzen: z.B. sein EL, um jemanden zu pflegen, sein ER zur Entscheidung für oder gegen einen Kauf und sein K für Trauer, Spaß und Spiel. Steht diesem Menschen ein Ich-Zustand (oder gar zwei) nicht mehr zur freien Verfügung, so ist er seelisch krank, und wir sprechen in diesem Fall von *Ausschluß*. Weiterhin können die *Ich-Zustands-Grenzen aufgehoben* sein. Ein gesunder Mensch sieht auch nicht ein Vorurteil (EL) oder eine Wahnvorstellung (K) als ER-Information an. Ist das aber doch der Fall, dann liegt eine als *Trübung* bezeichnete seelische Störung vor.

1. Fällt einer der drei Ich-Zustände aus, so sprechen wir von *Ausschluß* (Exclusion). Diese bekundet sich in einer stereotypen, vorherbestimmbaren Haltung, die standhaft so lange wie möglich angesichts einer sich ändernden Situation aufrechterhalten wird [3]. – Personen ohne K sind z.B. nicht fähig, zu lachen, zu trauern, ausgelassen zu sein, und haben keinen Humor, sie wirken auf die Dauer langweilig, gefühllos, unnahbar.

Ein ausgeschlossenes ER weist eigentlich immer auf einen geistig-seelisch krankhaften Prozeß (Psychose) hin, da sich die Betreffenden aufgrund ihrer aufgehobenen intellektuellen Steuerungsfähigkeit nicht mehr in der von ihnen verkannten Wirklichkeit zurechtfinden und somit auf den fürsorglichen Schutz ihrer Umwelt angewiesen sind. Drogenabhängige kennen diesen Zustand als „horror trip".

Ein ausgeschlossenes EL ist zu erkennen an einem gefühlskalten Menschen ohne Gewissen, der rücksichtslos seine Umwelt ausnutzt, um seine eigenen Vorteile notfalls mit grober Gewalt zu erreichen. Hierzu wären die abnormen Persönlichkeiten (Psychopathen) zu zählen, an Beispielen in der Literatur und Weltgeschichte sowie im täglichen Leben mangelt es keineswegs. In weniger ausgeprägter Form finden wir hier auch die Menschen, die durch Gedankenlosigkeit, Rücksichtslosigkeit oder Gleichgültigkeit gegenüber ihrer Umwelt auffallen. Z. B. Verantwortungslose, die am Badestrand Flaschen zerschlagen und unbekümmert liegen lassen, die öffentliche, der Allgemeinheit Nutzen bringende Einrichtungen mutwillig zerstören, oder diejenigen, die unsere Naturschutzgebiete durch Unrat, Zerstörung und alles, was heute zur „Umweltverschmutzung" gerechnet werden kann, gefährden.

Es können aber auch zwei Ich-Zustände ausgeschlossen sein, so daß die betreffende Person nur noch durch den einen verbleibenden vertreten und erkannt werden kann. Dieser als *ständiges* (konstantes) EL, ER, K bezeichnete Ich-Zustand geht im Einzelfall primär aus abwehrbedingten (defensiven) Ausschlüssen der beiden anderen Ich-Zustände hervor [3]. Der ständig mit erhobenem Zeigefinger den Weltuntergang predigende Sektierer (EL), der den ganzen Tag in seinem Labor sitzende Wissenschaftler, der weder Interesse für seine Familie noch für Vergnügen zeigt, sondern einem atmenden Komputer gleicht (ER), und schließlich der ständig im K auftretende und handelnde Till Eulenspiegel wären als Beispiele aufzuführen. Die Behandlung bestünde hier in einem den entsprechend verkümmerten Ich-Zustand fördernden Training, ähnlich dem des Herrn C.

2. Um die einzelnen Ich-Zustände sind Grenzen gedacht, die sich am ehesten mit einer halbdurchlässigen Membran vergleichen lassen. Durch diese vermag die seelische Energie in die jeweils aktiven Ich-Zustände zu gelangen, was bei den einzelnen Personen auch unterschiedlich schnell vor sich geht. Leute mit einer sich schnell bewegenden Energie mögen aufregend und anspornend wirken, doch ihren schnell wechselnden und somit oberflächlichen Gedankensprüngen zu folgen, kann ihren Mitmenschen erhebliche Mühe kosten. Andererseits wirken diejenigen mit zähfließender Energie schwerfällig und strapazieren oft die Geduld anderer, obgleich ihre Aussagen sorgsam durchdacht sind. – Bei völlig aufgelockerten Ich-Zustands-Grenzen „schließt der Betreffende nicht die Türen" zwi-

schen seinen Ich-Zuständen, so daß die seelische Energie hin und her pendelt, was sich in hochgradiger Launenhaftigkeit ausdrückt und mit beträchtlichen Schwierigkeiten in der Wirklichkeit des Lebens verbunden sein kann. Bei solchen Menschen „weiß man nie, woran man ist". [8]

3. Bei der *Trübung* überschneiden sich die einzelnen Ich-Zustände, da das ER nicht mehr in der Lage ist, Fehlinformationen von seiten des EL und/oder des K zu überprüfen und zu korrigieren. Am besten wird das veranschaulicht an Hand des Vorurteils (= ER durch EL beeinträchtigt), der Phobie und besonders des Wahns (= ER durch K beeinträchtigt). Unter Phobie verstehen wir Zwangsbefürchtungen, also Befürchtungen, die sich entgegen besserer Einsicht mit zwingender Gewalt an alltägliche Vorkommnisse oder Verrichtungen knüpfen (Kraepelin). Hier wären zu erwähnen die vielen grundlos übertriebenen Ängste vor Krebs, weiten Plätzen, überfüllten Straßenbahnen, Schlangen, Spinnen und Mäusen. Diese Menschen können mit Informationen über ihre angstauslösende Ursache nichts beginnen, z.B., daß eine Spinne noch keinem Menschen etwas zuleide getan hat oder daß Mäuse doch ganz possierliche Tierchen sind und „Mäuschen" oder „Mausi" zu den beliebtesten Kosenamen gehören. Doch ihre aus dem K stammende „fixe Idee" wird von den Patienten als ER-eigen aufgefaßt und auch als solche allen äußeren Umstimmungsbemühungen zum Trotz als unbeeinflußbar verteidigt.

Von hier aus ist es nicht mehr weit zur Wahnidee, die die schwerste K/ER-Trübung darstellt, was sich auch in der Wahndefinition der modernen Psychiatrie widerspiegelt, nur eben in gehobener wissenschaftlicher Sprache: Wahn ist ein krankhaft entstandener, nicht korrigierbarer Irrtum (Jaspers), der nicht auf unzulänglicher Logik beruht, sondern aus einem inneren Bedürfnis heraus entsteht (Bleuler) und charakterisiert ist von objektiver Unglaubwürdigkeit bei hoher subjektiver Evidenz (Janzarek).

Die zweite Form der Trübung, die vom EL ausgeht, vom Patienten aber ebenfalls als aus dem ER stammend angesehen wird, ist das Vorurteil. Hier meint jemand, ein auf informativ-sachlichem ER begründetes Urteil abzugeben, ohne dabei zu bemerken, daß es lediglich von Eltern, Erziehern oder wichtigen äußeren Ereignissen geprägte unangezweifelte Aufspeicherungen des Gehirns widerspiegelt. – Rein äußerlich wirken solche Urteile schon durch ihre Verallgemeinerungen zweifelhaft: „Männer sind klüger als Frauen" – „alle Männer sind treulos", meinte eine zum zweiten Male in der Ehe gescheiterte Frau, die ebenfalls zwei Stiefväter hatte. „Schwimmen ist lebensgefährlich", behauptete eine sonst recht vernünftige Frau, deren Vater sie nie hat schwimmen lernen lassen, aus Angst, sie könne dabei ertrinken. „Rauchen kann gar nicht schädlich sein", stellte der Enkel eines 89jährigen Kettenrauchers fest. – Alleinstehende Frauen werden häufig als minderwertig angesehen, selbst wenn sie ordentlich arbeiten und ihre Kinder gut erziehen. Hingegen sind verheiratete Frauen akzeptiert, selbst wenn ihre Ehe nur noch aus Streitereien besteht und die Kinder verkommen. Ein doppelbödiges Vorurteil besteht auch gegenüber Alkohol, dessen Verbrauch in sogenannten „sozialen" Mengen von der „Gesellschaft" akzeptiert, ja sogar gefördert wird, so daß Antialkoholiker etwas milde belächelt werden. In der Bezeichnung alkoholischer Getränke Unkundige werden als ungebildet angesehen, was man jederzeit z. B. in Bars und auf Parties beobachten kann. Hier genießen diejenigen das meiste Ansehen, die die größte Menge Alkohol vertragen. Zeigen sich jedoch bei diesen „Helden" Vergiftungserscheinungen (Zittern, Schwitzen, Merkstörungen, beginnender Persönlichkeitsverfall, Krampfanfälle, Delirium), dann werden sie plötzlich von der „Gesellschaft" als Alkoholiker ausgestoßen.

Zu der ER/EL-Trübung gehört auch der sogenannte „Familienmythos": „Wir XYs tun so etwas doch nicht. Ein echter XY wird immer ein Offizier!" Und schließlich drängen sich die nationalen, rassischen und religiösen Vorurteile auf: „Alle Russen, Franzosen, Neger, Juden, Moslems, Protestanten sind..." Hier wären also Chauvinisten, Nationalisten, Faschisten, Inquisitoren oder ganz allgemein Fanatiker einzuordnen. Noch heute gibt es Hexenprozesse und Religionskriege. Die denen zugrunde liegenden seelischen Störungen werden großartig in entsprechenden Werken der Weltliteratur dargestellt, z.B. die Vernichtung der Maya- und Inkareiche durch die Spanier in R. Schneiders „Las Casas vor Karl V." oder der fanatische Machtkampf zweier Königinnen in „Maria Stuart" von Stefan Zweig und F. Schiller u. v. a. m. Wer an eine Idee *glaubt*, bringt für sie Opfer, wer von ihr *vergiftet* ist, opfert ihr Menschenleben.

Der Prozeß der *Enttrübung* (Decontamination) gehört zu den wichtigsten Aufgaben in der TA-Therapie. Dazu ist es wertvoll, die anstehenden Meinungen oder Probleme (z. B. „typische Beamte sind muffig") von allen drei Ich-Zuständen her auszuleuchten, also das, was wir bisher als Strukturanalyse kennengelernt haben. Das EL mag verlangen, daß Beamte als Staatsdiener mehr arbeiten und weniger Sondervergütungen erhalten sollten, da sie zuwenig leisten etc. Das K beschwert sich vielleicht über unfreundliche Behandlung, lange Wartezeiten, Inkompetenz der Beamten. Soweit ist diese Analyse recht einfach, da die Antworten oft automatisch oder impulsiv nach eingefahrenen Verhaltensmustern erfolgen. Nehmen wir jedoch das ER als Schiedsrichter hinzu, wird die Analyse schwierig, denn das ER muß die Informationen, die es seitens des EL und des K erhalten hat, zunächst auf ihren Aussagewert hin überprüfen und zusätzlich wichtige Daten von außen sammeln, also Beamte bei ihrer Arbeit beobachten. Dabei wird es die Empörung des EL und die Unzufriedenheit des K gelegentlich gerechtfertigt finden. Jedoch wird dieses ER auch sachlich feststellen müssen, daß es unter den Beamten sehr viele fleißige, verantwortungsbewußte und vernünftige Menschen gibt, mit denen man auf der ER-ER-Ebene gut verhandeln kann und die mit ihrem EL behilflich und von ihrem K aus freundlich sind. Aus diesen widersprüchlichen Informationen muß das ER schließlich ein Fazit ziehen und dabei feststellen, daß die ursprüngliche Meinung nicht länger aufrechtzuerhalten ist. Daraufhin kann das ER die neue Einstellung einüben und damit seine Ich-Grenzen klären und festigen, so daß Einflüsse aus dem EL oder dem K das klare Bewußtsein des ER nicht mehr störend beeinträchtigen.

Auf diese Weise hat ein Mann seine EL/ER-Trübung „die heutige Jugend ist dekadent" abgelegt, als sein ER sich von der Einsatzfreudigkeit und dem Arbeitseifer junger Menschen bei Aufgaben aus dem Sozialbereich, dem Umweltschutz und den Künsten (insbesondere der Musik) überzeugen konnte. Eine Frau ließ von ihren magischen Vorstellungen (K/ER-Trübung) ab, als ihr ER erkannte, daß zwar viele Frauen auf ihren Märchenprinzen warten, aber noch keine von ihrem Dornröschenschlaf erlöst worden ist, und daß ihre Horoskope und Wahrsagungen zwar manchmal zufällig stimmen, sie aber in ihren schwersten Entscheidungen absolut alleine gelassen und enttäuscht haben. Mancher Gruppenteilnehmer begann sein Selbstvertrauen aufzubauen, nachdem sein ER Informationen aus der Gruppe über seine Person dahingehend auswerten „mußte", daß die alte K/ER-Trübung „mich kann ja gar niemand lieben" blanker Unsinn war.

Jeder von uns kann diesen Prozeß der Klärung für sich selber durchführen, indem er kurz die Antworten auf folgende Fragen aufschreibt:
1. Wie heißt das zu lösende Problem?
2. Was würde jede meiner EL-Figuren dazu sagen, tun und fühlen?
3. Welche Tatsachen stehen mir für eine mögliche Lösung zur Verfügung?
   Welche Informationen muß ich mir noch verschaffen? (ER)

4. Welches sind meine übernommenen Gefühle zu ähnlichen Problemen?
   Welche spontanen Lösungsmöglichkeiten fallen mir gerade ein? Welche unbeeinflußten Gefühle habe ich solchen Problemen und Lösungen gegenüber (K)?
5. Auf Grund dieser Antworten gehe ich folgende Verträge ein:...

Auf diese Weise kann jeder zu seiner individuellen Meinung und persönlichen Entscheidung über seine alltäglichen Fragen oder allgemeinen Probleme gelangen.

Transaktions-Analyse

Unter dem im Deutschen ungebräuchlichen Wort „Transaktion" verstehen wir jeden beliebigen Austausch (verbal oder nonverbal) zwischen mindestens zwei Personen. Diese Transaktion stellt die Grundeinheit aller zwischenmenschlichen Beziehungen dar und kann sich in freundlichen Worten, bösen Blicken, Geschenken oder fliegenden Tassen äußern.

Eine Transaktion besteht aus einem Reiz S (Stimulus) und einer Reaktion (R) zwischen zwei bestimmten Ich-Zuständen, graphisch je als ein Pfeil dargestellt, wobei die Antwort schon wieder ein Stimulus für eine neue Transaktion sein kann.

Da sich Ich-Zustände ebenso wie wirkliche Menschen unterscheiden, muß man wissen, welcher Ich-Zustand in jeder Person aktiv ist, um ihre Wechselbeziehung erkennen zu können. Zwischen zwei Personen (mit je drei Ich-Zuständen) lassen sich neun verschiedene Verbindungskanäle denken, indem man einfach jeden Ich-Zustand der einen Person mit jedem der anderen Person verbindet. Das verdeutlicht uns, daß jemandem, der eine Transaktion beginnen oder den Stimulus eines andern beantworten will, mehrere Möglichkeiten zur Verfügung stehen hinsichtlich des eigenen zu besetzenden Ich-Zustandes und des Ich-Zustandes der anderen Person, an den er sich richten will. In dieser Wahl entscheidet sich ein gesunder Mensch völlig unabhängig (autonom), so daß er mit demjenigen Ich-Zustand beginnen oder antworten wird, den er in der gegebenen Situation für den sinnvollsten und nützlichsten hält. Jeder von uns kennt die Antwortmöglichkeiten z.B. auf eine von unserem ER aus gestellte Frage: „Wo geht es zum Bahnhof?" 1. „Nächste rechts, dann an der Ampel links" oder „ich weiß nicht" (ER); 2. „Das ist etwas schwierig, kommen Sie, ich bringe Sie hin" (n-EL); 3. „Haben Sie denn nicht mal einen Stadtplan!" (k-EL); 4. „Ist mir Wurscht!" (f-K); 5. „Tut mir leid, ich weiß es auch nicht, ich bin fremd hier" (a-K).

Auf diese fünf von unterschiedlichen Ich-Zuständen ausgegangenen Antworten haben wir auch gefühlsmäßig unterschiedlich reagiert. Entsprechende Empfindungen kennen wir von Unterhaltungen, die ja eine Reihe aufeinanderfolgender Transaktionen beinhalten: Wir können uns in ruhigem Gespräch oder im Streit fortlaufend auseinandersetzen. Eine bestimmte Gesprächsform kann jählings abgebrochen werden, ohne daß einer der Beteiligten eigentlich genau weiß warum. Oder wir können den andern durch listige Redeweise beeinflussen und manipulieren, bevor derjenige (oft aber auch wir selbst) überhaupt merkt, was „gespielt" wird. – Dementsprechend unterscheiden wir drei verschiede Arten von Transaktionen: 1. einfache (parallele, ungekreuzte, komplementäre); 2. gekreuzte und 3. gedeckte.

1. Laufen die Pfeile parallel, so handelt es sich um eine *einfache* (komplementäre) Transaktion, d. h., die Reaktion erfolgt von dem Ich-Zustand aus, an den der Stimulus gerichtet ist. (Abb. 2)

Abb. 2: Einfache Transaktion

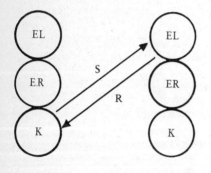

S: (K→EL) (Kranker Ehemann):
Bringst du mir bitte einen heißen Tee?

R: (EL→K) (Ehefrau):
Hier nun trink mal schön.

Die einfache Transaktion muß zwei Kriterien erfüllen:
a) Die Reaktion kommt von dem gleichen Ich-Zustand, an den der Stimulus gerichtet ist.
b) Die Reaktion ist an den gleichen Ich-Zustand gerichtet, von dem der Stimulus ausgegangen ist. Einfache Transaktionen können zwischen jedem beliebigen Ich-Zustands-Paar ablaufen, z. B. S: (ER-ER) Wie spät ist es? R: (ER-ER) Fünf Uhr. Solange die Kriterien für einfache Transaktionen in einer zwischenmenschlichen Beziehung (Kommunikation) erfüllt bleiben, kann diese unendlich lange fortdauern. Das beinhaltet die *erste Kommunikationsregel.*

Wenn eine Reaktion nicht von dem Ich-Zustand kommt, an den der

Stimulus gerichtet war, und sich dabei die Pfeile der graphischen Darstellung kreuzen (Abb. 3) können, dann liegt eine *gekreuzte* Transaktion vor. In dieser Situation bricht jede Verbindung, wie sie zwischen den Partnern bisher bestanden hat, jäh ab. Wenn z. B. ein Ehemann seine Hausschuhe sucht und seine Frau im normalen angemessenen Ton des ER nach diesen fragt (S: ER-ER), aber anstatt der erwarteten Information zur Antwort erhält: „Warum soll ich immer an deiner Schlamperei Schuld sein!" (R: K-EL), dann hat eine gekreuzte Transaktion stattgefunden, und die beiden können nicht länger über Hausschuhe reden. Dieser Typ 1 stellt auch die in der Psychotherapie häufig vorkommende Form der „Übertragung" dar und ist gleichzeitig der Typ der Beziehung, der in aller Welt das größte Unheil verursacht, da wir allzuoft mit unserem K auf ganz sachliche, also nicht an das K gerichtete Fragen reagieren wie in dem eben gezeigten Beispiel. Damit haben wir uns eines autonomen, verantwortungsbewußten Verhaltens enthoben und erwarten nun in der nächsten Transaktion eine k-EL-Antwort seitens des anderen. Den sogenannten autoritären Institutionen bleibt nichts anderes übrig, als diesem a-K zu befehlen, was es tun soll. Zum Beispiel bleiben die ausgezeichneten, u. a. an Autobahnen aufgestellten Aufrufe des Grünen Kreuzes und anderer Organisationen an die Vernunft der Autofahrer oft unbeachtet. Erst wenn gefährliche Fahrweisen gesetzlich verboten und mit empfindlichen Strafen belegt werden, werden sie von dem angepaßten K unterlassen. Oder vielerorts sind Aufrufe zu lesen, wie: „In XY ist die Luft noch rein, drum bitte laß das Rauchen sein." Die dort trotzdem Rauchenden bekunden nur ihr allgemeines Desinteresse. Jedoch unter einem Schild: „Rauchen polizeilich verboten" wird man keine glimmende Zigarette finden. – Genau aber das ist ein totalitäres Prinzip, das wir doch verabscheuen: Gehorsam (a-K) durch Gewalt (k-EL).

2. Im Typ 2 (Abb. 3) erhält z. B. der gleiche ER-ER-Stimulus „Wo sind meine Hausschuhe?" eine EL-K-Reaktion: „Paß auf deinen Kram gefälligst selber auf, schließlich bist du groß/alt genug!" Dieser Typ (in der Psychoanalyse bekannt als „Gegenübertragung") ist die zweite und häufigste Ursache für Kummer und Verdruß in persönlichen, beruflichen und politischen Beziehungen. Trotzdem werden diese Transaktionen jeden Tag „geübt".

Nun gibt es auch Transaktionen, die sich graphisch nicht kreuzen, von ihrem Inhalt her aber den Kriterien der sogenannten gekreuzten Transaktionen entsprechen, daß nämlich eine Antwort nicht von demjenigen Ich-Zustand ausgeht, an den der Stimulus gerichtet war (Abb. 4).

Abb. 3: Typ 2, gekreuzte Transaktion

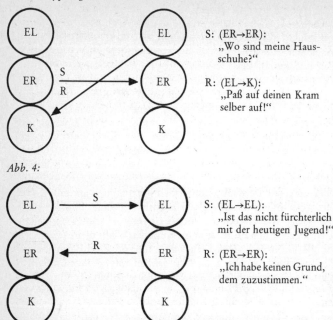

Abb. 4:

Manchmal will es sogar scheinen, daß eine gekreuzte Transaktion die Bedingungen für eine einfache, ungekreuzte zu erfüllen scheint (Abb. 5). Dann lohnt es sich, wieder einmal die betreffenden Ich-Zustände in ihren Unterteilungen darzustellen.

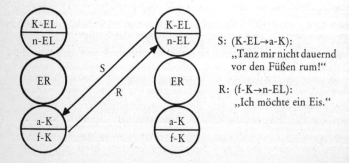

Versetzen wir uns bei den gegebenen Beispielen in die Lage des Stimulierenden, so verspüren wir bei den Antworten des Partners eine Art Überraschungseffekt, etwas Unerwartetes ist eingetreten, wir sind verdutzt. Eben das will die *zweite Kommunikationsregel* besagen: Sobald die Transaktion gekreuzt verläuft, führt das zu einem (manchmal nur kurzen, vorübergehenden) Zusammenbruch der bisherigen Beziehungsart, und es folgt irgend etwas anderes.

Jeder von uns kann hier wohl eigene Beispiele aufführen, daß er mit anderen niemals ein längeres Gespräch führen kann, ohne daß ein solches endet, wie: „Mit dir kann man ja nicht reden", „Was meinst du denn damit?", „Du verstehst mich nicht", „Was willst du eigentlich", „Ich habe dir schon tausendmal gesagt...", „Nie kann man dir etwas recht machen", „Immer hast du was zu meckern", „Ich laß mich scheiden" etc.... Die Partner reden also aneinander vorbei, indem jeder nur an sich denkt, den anderen nicht als ebenbürtig ansieht, sondern als bedrohend, oder ihn geringschätzt und seine eigenen Launen an ihm ausläßt – aus dem Gefühl eigener Unzulänglichkeit. Hier könnte sehr viel psychologisiert werden, doch glaube ich, die erschreckende Tatsache spricht für sich, daß nämlich diese verteufelte Transaktionsart von uns Menschen am häufigsten gebraucht wird! – Etwa ein im Streit endendes Gespräch, eine Scheidung oder Selbstmord im persönlichen, Kündigung oder Ruin im beruflichen und Krieg im politischen Bereich. „Was kann man denn da tun?" ist nun die zwangsläufige Frage. Ganz einfach. Benutze diese Art der gekreuzten Transaktion nicht so häufig, oder, besser noch, laß sie ganz weg. Die Therapie läßt sich aus den Kriterien für gekreuzte Transaktionen ableiten: Informiere dich über den Ich-Zustand deines Partners und über den deinen. Welchen Ich-Zustand spricht dein Partner in dir an, in welchem fühlst du dich angesprochen? Sind es die gleichen? Wenn nicht, warum antwortest du mit einem anderen Ich-Zustand? Warum gerade mit dem? Macht es dir viel Mühe, auf den andern umzuschalten? Warum wohl? Was sind deine Bedürfnisse hier und jetzt? Hast du sie deinen Partner wissen lassen? Wie? Kannst du ihm erklären, daß du lieber auf einer anderen Ebene (= mit einem anderen Ich-Zustand) verkehren möchtest?

Wer sich hier ein bißchen Mühe für das eigene Verstehen und das des andern gibt, kann an sich selber erfahren, wieviel schöner eine Beziehung ist ohne diese kränkenden Streitereien, ganz zu schweigen von den Folgen, die diese ihrerseits wieder mit sich bringen.

Gekreuzte Transaktionen können auch in umgekehrter Weise stattfinden. Zum Beispiel schimpft eine ereiferte Frau auf ihren

Mann. Dieser lacht sie nur *an* (nicht aus!!): „Schatz, du bist süß." und gibt ihr einen Kuß! – Diese ebenfalls gekreuzte Transaktion hat jetzt aber eine Situation in eine (zumindest nach allgemeinem Empfinden) wesentlich angenehmere umgewandelt. – Diese Wirkung wenden wir auch gerne in der Therapie an oder bei jeder beliebigen Gelegenheit, wenn es für jemanden ratsam oder wünschenswert erscheint, sein Verhalten oder Denken zu ändern. Ein Patient sitzt zusammengesunken in seinem Stuhl und jammert mit weinerlicher Stimme, daß er nicht mehr wisse, was er tun solle und was für ein elender Tropf er doch sei. Er befindet sich also im a-K und hofft, ein mitleidvolles n-EL zu finden, das ihn tröstet und ihm seine Entscheidungen abnimmt. Um ihn nicht in seiner a-K Rolle zu bestärken, ist es notwendig, auf seinen Stimulus nicht mit dem angepeilten Ich-Zustand zu antworten, sondern mit einem andern, z.B.

a) dem K: „Mensch, so machst du mir keinen Spaß, was ist eigentlich deine Lieblings...farbe (...essen oder was immer sich anbietet)?
b) dem positiven k-EL: „Hör mal auf, dich so runterzuputzen. Setz dich richtig hin, und schreibe dir mal alle Möglichkeiten auf",
c) dem ER: „Du hast die Fähigkeit, dir zu überlegen, was du tun mußt" oder einfacher: „Wann fährt dein Bus, Bahn...?", „Beschreibe mal das Bild dort an der Wand.", „Was siehst du da?"

Jede dieser gekreuzten Transaktionen wird die ursprüngliche Beziehung beenden (zweite Kommunikationsregel) und vielleicht sogar den Patienten dazu bewegen, einen anderen Ich-Zustand zu besetzen. Dann ist es wieder angebracht, einfache Transaktionen zu benutzen, um den neuen Ich-Zustand zu fördern (erste Kommunikationsregel) (siehe auch Frau A.)

3. Schließlich gibt es die *verdeckten* Transaktionen (anguläre und doppelte), die im Gegensatz zu den bisher genannten nicht auf einer, sondern auf zwei Ebenen verlaufen, nämlich einer offenkundigen (sozialen) und einer verborgenen (psychologischen) (Abb. 6). Auf letztere kommt es besonders an, da sie nicht in Worten Ausdruck findet (daher nur eine gestrichelte Linie), sondern ihr Sinn hinter den gesprochenen Worten der sozialen Ebene erahnt werden muß (daher verdeckt). Sie wird als unaufrichtig charakterisiert und dient z.B. der Einleitung zu Ränkespielen aller Art, über deren Gehalt zu sprechen sich „nicht schickt", weshalb er in eine sozial annehmbare Form gekleidet, eben verdeckt wird. – Zum Beispiel in einer Kunstausstellung kommen ein Herr und eine Dame ins Gespräch, das sich in eine nicht enden wollende Diskussion steigert und auch längst noch nicht beendet erscheint, als das Museum geschlossen

wird. Er lädt sie also zur Fortführung der Unterhaltung zu sich ein, unter anderm auch, um ihr seine eigenen Kunstschätze zu zeigen. Sie als Kunstinteressierte freut sich natürlich über dieses Angebot. Ein unbefangener Zuschauer mag sich ob dieser Kunstbegeisterung der beiden verwundern, ohne dabei an die diesem Spiel zugrunde liegende Absicht der beiden – sich miteinander zu amüsieren – zu denken (Abb. 6).

Abb. 6: Duplexe, verdeckte Transaktion

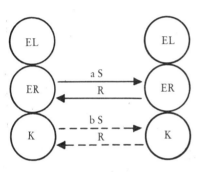

a) soziale Ebene
S: Er (ER→ER):
  „Wollen Sie meine private Sammlung ansehen?"
R: Sie (ER→ER):
  „Ich war schon immer an Privatsammlungen interessiert."

b) psychologische Ebene
S: Er (K→K):
  „Weib, du gefällst mir."
R: Sie (k:→K):
  „Ich bin froh, daß du mich gewählt hast."

Dieser *doppelten*, verdeckten Transaktion wird noch eine *gewinkelte* (anguläre) verdeckte Transaktion gegenübergestellt, bei der nur drei Ich-Zustände (anstatt vier) beteiligt sind (Abb. 7).

Als Beispiel hierfür wird immer wieder der auf seinen Vorteil bedachte Verkäufer angeführt. Seine Äußerung: „Diese Stereoanlage wird wohl für Sie zu teuer sein" kann vom Kunden entweder von seinem ER aus erwidert werden: „Da haben Sie recht, soviel Geld habe ich nicht" oder aber von seinem in seiner Eitelkeit verletzten K, auf das es der Verkäufer mit seiner gedeckten Anspielung auf der psychologischen Ebene ja abgesehen hat: „Aber genau die will ich nehmen!" Und jeder der beiden Beteiligten hat seinen Nutzen aus diesem Spielchen gezogen (Abb. 7).

Bei den gedeckten Transaktionen laufen also zwei Beziehungen gleichzeitig nebeneinander her, eben die soziale, offenkundige und die psychologische, verdeckte. Da das *Kind*-Ich die meiste Macht über uns besitzt, wird der Ausgang der gedeckten Transaktion auf der psychologischen Ebene entschieden, das beinhaltet die *dritte*

Abb. 7: Anguläre, gedeckte Transaktion

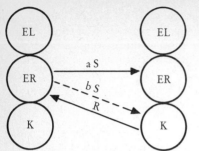

Sa: (ER→ER):
Der Verkauf endet morgen
b: (ER→K):
Beeilung, wenn Sie nicht leer ausgehen wollen
R: (K→ER):
Dann kaufe ich gleich

Kommunikationsregel. Diese bildet die Grundlage z. B. für die Werbepsychologie und die Ränkespiele.

Die Therapie: Prüfe deine Ich-Zustände. Ist dein ER wirklich so schwach? Wie würde sich jeder einzelne Ich-Zustand für sich entscheiden? Was kann dein ER mit dieser Information anfangen? Kann dein ER der Antwort deines K zustimmen, oder hat es den Überzeugungskünsten (z. B. des Verkäufers) stichhaltige Gründe entgegenzusetzen? Kannst du dich für oder gegen einen Kauf von Deinem ER aus entscheiden, nachdem du dein EL und dein K vorher befragt hast, dann antwortest du auf der sozialen Ebene, und die Transaktion ist nicht mehr verdeckt.

Eine Sonderform stellen die sogenannten *Galgen-Transaktionen* dar. Hierbei berichten Verlierer (und solche endeten oft am Galgen) über die katastrophalen Begebenheiten und Tatsachen in einer heiter erscheinenden Stimmungslage, lachen dabei und bringen auch die Zuhörer zum Lachen. Wenn z. B. ein Alkoholiker, der gerade sein zweites schweres Delirium mit anschließender „Entziehungskur" überlebt hat, morgens vor seinen Arbeitskollegen prahlt: „Menschenskinder, hab' ich die gestern abend unter den Tisch gesoffen, ha, ha, mein Schädel brummt jetzt noch!", dann gibt er auf der sozialen Ebene a) die Information, wieder getrunken zu haben. Jedoch ist b) eine gedeckte Transaktion nicht zu überhören, in der sein K beim EL des Zuhörers freundliche Zustimmung erheischt (so wie er es aus der Kindheit gewohnt ist: „Mache ich das nicht gut so?") [10].

Zuwendung (strokes)

Unter Zuwendung verstehen wir in TA einen uns zugedachten Stimulus von einem anderen Menschen, eine Art Kenntnisnahme unserer Existenz durch andere. Zuwendung kann positiv und negativ sein und sich in einem Wort der Anerkennung, einer Beleidigung, einem Streicheln oder einer Backpfeife äußern.

Positive Zuwendung, wie ein freundlich warmer Gruß, ein ermutigendes Zunicken, ein ehrliches Kompliment oder das Anerkennen einer Handlungsweise, die man selber vielleicht anders gehandhabt hätte – beinhaltet die Botschaft: „Du bist o.k." Diese läßt uns (genauso wie gutes Essen) behaglich und zufrieden fühlen und erfüllt somit die drei Grundbedürfnisse unseres Lebens: *A*nerkennung – *S*elbstwertgefühl – *S*icherheit – (unser ASS). Demnach ist die positive Zuwendung der wichtigste Inhalt aller zwischenmenschlichen Beziehungen, ob in der Familie oder am Arbeitsplatz, in der Dorfgemeinschaft oder in der großen Politik. – Obgleich jedermann diese Tatsache versteht, ist die positive Zuwendung immer noch diejenige, die die Menschen in unserem Kulturkreis am wenigsten anwenden, ja sie oft sogar als unsinnig verlachen.

Die *negative Zuwendung* (Abwertung, Mißbilligung) beinhaltet: „Du bist nicht o.k.", was soviel heißt wie: „Du und deine Bedürfnisse, Gefühle und Interessen zählen nicht." Wir mißbilligen unsere Kinder, Eltern, Ehepartner, Verwandte, Arbeitskollegen, Untergebene, Vorgesetzte und Politiker, wenn wir auf sie wütend sind oder uns in einer schlechten Stimmungslage befinden, weil unser K sich nicht o.k. fühlt. – Obgleich die negative Zuwendung durchaus einen legitimen Platz im System der zwischenmenschlichen Beziehungen hat, wird sie heute allzu häufig angewendet und verursacht Haß, Zwiespalt, Neid, Eifersucht, Streit und Krieg. – Die Wurzeln dieses Übels finden wir bereits in den kleinen unwichtig erscheinenden Begebenheiten des Alltags, wie uns die Erfahrung in der Familientherapie immer wieder zeigt: Ehefrau: „Steht mir das neue Kleid nicht gut?" Dieser völlig normalen Bitte um positive Zuwendung kommt der Ehemann aber nicht nach, statt dessen antwortet er mit einer Mißbilligung: „Schon wieder ein neues Kleid, was das alles kostet!" – Die gleiche Situation kann mit umgekehrten Rollen gespielt werden, wobei eine angebotene Zuwendung nicht angenommen, sondern in eine Mißbilligung umgedeutet (= „falsch verstanden") wird: Er: „Du siehst süß aus in dem neuen Kleid." Sie: „Sonst also nicht?" oder „Was hast du denn an meinen andern Kleidern auszusetzen?" Für die beiden ist der Rest des Tages „gelaufen". Bestimmt folgen mehrere Abwertungen („Du kommst auch nie mit dem Geld aus, du hast schon früher..., immer mußt du meckern" usw.), und ehe sie sich versehen, ist der handfeste (Ehe)Krach da.

Ähnlich geht es an den Arbeitsstellen und in den Betrieben (und letztlich auch in der Politik) zu. Die meisten von uns versuchen, ihre Arbeit zur eigenen und der allgemeinen Zufriedenheit zu verrichten, was von vielen Vorgesetzten als ganz selbstverständlich angesehen wird. Loben (= positive Zuwendung) wird als überflüssig, ja mitunter als gefährlich empfunden, da der Untergebene z. B. durch Lob in seiner Arbeitsqualität aufgewertet und somit zu einem möglichen Rivalen um den eigenen hart erkämpften Platz auf der innerbetrieblichen Positionsleiter werden könnte. – Folglich „deckelt" man kraft seines Amtes lieber nach unten, womit zugleich die eigene Machtstellung äußerlich bestärkt zu werden scheint (zumindest glaubt das das K). Der „Gedeckelte" wiederum läßt diesen empfindsam verspürten Tadel (negative Zuwendung) seinen Untergebenen spüren und dieser den nächsten usw. Wir sehen dann (besonders an Tagen, an denen das K des Chefs schlechte Laune hat) solch eine Abwertung sich gleich einer Impulswelle die hierarchische Positionsleiter hinunterwälzen, bis sie schließlich bei dem letzten Glied (z. B. Lehrling) angelangt ist. Dieser kann sich dann nur noch an seinem Haushund oder dem Wellensittich abreagieren. Am nächsten Tag geht ein jeder nur widerwillig an seine Arbeitsstelle, und aufgrund der allgemeinen schlechten Laune beginnt der ganze Tanz wieder von vorne, womit das ungünstige Betriebsklima geschaffen ist. Man geht sich möglichst aus dem Wege oder verkehrt höchstens geschäftlich miteinander. Kommt dann bei einer Zusammenkunft einiger weniger doch ein persönliches Gespräch auf, so werden nicht anwesende Kollegen getadelt, verlacht und verspottet, wodurch die Anwesenden sich ein gewisses Gefühl der Genugtuung verschaffen, was notfalls durch Alkohol noch zusätzlichen Reiz gewinnt. Will nun jemand in diese Gruppe, die wir gestört (alien group) nennen, etwas Freundlichkeit oder Wärme hineinbringen

(z. B. durch Lob oder „Seid nett zueinander"), so wird dieser mitleidsvoll als Schwachkopf belächelt.

Zuwendung ist sowohl *bedingt* (eigennützig, konditional) als auch bedingungslos (uneigennützig, unkonditional). Es ist ein Unterschied, ob wir uns unseren Kindern oder Ehepartnern zuwenden, weil wir sie lieben, oder ob wir sie durch unsere Zuneigung zum Erfüllen unserer Forderungen zwingen: „Ich liebe dich, wenn (= unter der Bedingung daß) du meine Hemden bügelst." „Du bist ein gutes Mädchen, wenn du nicht mit Jungen spielst."

Wir brauchen positive Zuwendung *beider* Arten. Erhalten wir aber nur bedingte Zuwendung, möchten wir uns bald dem Handeln widersetzen, das wir nur wegen der mit ihm verknüpften Zuwendung ausführen, und wir mögen vielleicht bald mit Ärger darauf reagieren. Bedingte Zuwendung kann uns bis zu einem gewissen Grade Genugtuung verschaffen, aber wer zöge dem nicht ein uneigennütziges Lob vor, dafür, daß er eben er selbst ist.

Erhaltene Zuwendung, sei sie auch noch so negativ, ist aber immer noch besser als überhaupt keine. Jeder von uns kennt das Gefühl, mit Absicht übersehen, einfach wie Luft behandelt zu werden. Er existiert für die anderen überhaupt nicht. Bei genügend langem Andauern dieses geflissentlichen Übersehens eines Menschen kann dieser schwerwiegende seelische und körperliche Schäden davontragen. R. Spitz hat das durch seine Untersuchungen an der Universität von Colorado belegen können, nachdem er um 1930 begonnen hatte, der hohen Kindersterblichkeit (von 70%) in einem preußischen Findelhaus auf den Grund zu gehen. Er verglich dieses Heim mit einer Haftanstalt für ledige Mütter, die ihre Kinder während der Haft gebaren und auch selber versorgten, wozu ihnen der ganze Tag zur Verfügung stand, wohingegen in dem Findelhaus auf etwa 20 Kinder (oder mehr) nur eine Schwester kam. Nahrung, Sauberkeit, ärztliche Untersuchung und lichte Raumgestaltung glichen sich in beiden Heimen. Im Verlauf von mehreren Jahren konnte Spitz nun feststellen, daß sich die Kinder in der Haftanstalt völlig normal entwickelten und nur weniger als 1% starben. Hingegen starben in dem Findelhaus über die Hälfte der Kinder, und von den überlebenden konnten nur einige nach 5 Jahren sprechen, laufen oder sich selber versorgen. Die meisten waren in ihrer Entwicklung hochgradig zurückgeblieben, einige waren sogar nicht einmal in der Lage, das Bett zu verlassen. Da die behördliche Überwachung für beide Heime gleich sorgfältig war, muß dieser erschütternde Unterschied in der Entwicklung der beiden Kindergruppen auf die so unterschiedliche Zuwendung zurückzuführen sein.

Damit wir überleben können, muß also unser ER dafür sorgen, daß wir genügend Zuwendung sowohl geben als auch erhalten, gleichgültig, ob wir alt oder jung, Arbeitnehmer oder Arbeitgeber, ledig oder verheiratet sind.

Uns stehen vier Zuwendungsmöglichkeiten zur Verfügung:
1. positiv bedingungslos: „Ich mag dich!"
2. positiv bedingt: „Ich mag dich, wenn du mich streichelst."
3. negativ bedingt: „Ich mag nicht, wenn du so schreist."
4. negativ bedingungslos: „Du nichtsnutziger Kerl" oder „Dumme Kuh", „Du verdammtes Schwein".

Es lohnt sich für jeden, einmal für sich selbst seine kleine Privatstatistik aufzustellen hinsichtlich der vier Zuwendungsmöglichkeiten, wie er sie täglich sich selbst und seinen Mitmenschen zukommen läßt. – Das Ergebnis fällt meist erschreckend aus: An zahlenmäßig erster Stelle steht meist Nr. 4, während Nr. 1 scheinbar nur Verliebten vorbehalten bleibt. – Es ist interessant, sich unbeobachtet fühlende Leute in ihren Transaktionen und ihrem Zuwendungsaustausch zu beobachten. Bei einem scheinbar recht stillen Ehepaar konnte ich folgenden lautstarken Dialog durch eine dünne Motelwand mithören (ähnliche Dialoge können jederzeit auch in vielen hellhörigen modernen Siedlungswohnungen mehr oder minder freiwillig mitgehört werden): Sie: „Los, aufstehen!" Er: „Uaaah!" Sie: „Komm schon, wir wollen weiter." Er: „Laß mich in Ruhe!" Sie: „Mensch, wir haben gestern ausgemacht, früher aufzustehen, also los!" Er: undefinierbarer Laut. Sie ärgerlich: „Immer dasselbe mit dir, nie kommst du aus dem Bett." Er: „Aschloch!" Sie: „Wieso bin ich ein Aschloch?" Er: „Weil du eins bist!" Nach einer Pause Sie: „Los, bring deinen dicken Hintern jetzt 'raus!" Er: „Aschloch, sag ich." Sie: „Selbst Aschloch." – Immerhin halten die beiden sich so am Leben, denn diese Zuwendungsart ist schließlich besser als gar keine.

Bedingte Zuwendung – positive wie negative – wird therapeutisch oft dazu genutzt, um das krankhafte Verhalten bestimmter Patienten zu beeinflussen, so daß diese wieder in tägliche Gemeinschaft zurückgeführt werden können (resozialisieren). Aber auch jedes Kleinkind und jedes Haustier oder Zirkustier wird mit bedingter Zuwendung stubenrein erzogen oder „dressiert". Jeder Mensch und jeder Ich-Zustand braucht seine eigene spezielle Zuwendung. Da diese notwendig ist zum Überleben, ist jeder Mensch darauf bedacht, Wege und Mittel zu ersinnen, um seine Art der Zuwendung zu erhalten. Menschen, die sich o. k. fühlen und andere als ebenbürtig und gleichwertig ansehen, werden untereinander hauptsächlich positive Zuwendung austauschen. Menschen, die sich nicht o. k.

fühlen und andere mißachten, werden zumeist nach negativer Zuwendung trachten, die ihre Nicht-o.-k.-Gefühle wiederum steigern. Wenn jemand keine positiv bedingungslose Zuwendung erhält oder annimmt, wird er alle Möglichkeiten der verschiedenen psychologischen Manöver (Maschen, Ränkespiele) durcharbeiten, um wenigstens noch seine negative Zuwendung zu erhalten.

Die Art der Zuwendung, die wir erhalten und geben, hängt ab von dem Gefühl unseres K gegenüber uns selbst und anderen. Demnach lassen sich vier *Grundhaltungen* (Basispositionen) unterscheiden:

1. Ich bin o.k. – Du bist o.k. (haltbare und gesunde Haltung von „Gewinnern").
2. Ich bin nicht o.k. – Du bist o.k. (verzweifelte, hilflose Grundhaltung von Depressiven, die zu Selbstmord führen kann).
3. Ich bin o.k. – Du bist nicht o.k. (beziehungsgestörte, paranoide Grundhaltung, die zu Isolation, Ehescheidung und im Extremfall zum Mord führen kann).
4. Ich bin nicht o.k. – Du bist nicht o.k. (katastrophale Grundhaltung eines absoluten „Verlierers", z.B. eines Schizophrenen).

Auf der Grundlage dieser vier Haltungen ist eines der führenden TA-Bücher aufgebaut [7].

Oft wird die erste Grundhaltung nicht richtig verstanden: „Soll ich jetzt etwa jeden Dieb, Verbrecher oder Mörder akzeptieren?" „Und wenn mir einer an die Gurgel will?" „Ich war auch mal so gutgläubig und hielt es für entsprechend unwürdig, meine Türe zu verschließen. Bis ich dann bei der Bundeswehr wegen Verleitung zu Kameradendiebstahl bestraft werden sollte." So manche Theorie hat eben in der wirklichen Praxis einen harten Überlebenskampf zu bestehen, das sehen wir jeden Tag. Aus diesem Grunde wird gelegentlich den vier Grundhaltungen zur Verwirklichung der ersten noch eine fünfte hinzugefügt: Ich bin o.k. – Du bist o.k. im Wirklichen oder wirklichkeitsbezogen (for real) [5]. Ich bin o.k. – Du bist o.k. heißt schlicht und einfach, daß wir weder uns selbst noch unsere Mitmenschen mißachten, sondern daß wir uns als Personen unsere Werke, Meinungen, Gefühle und Bedürfnisse voreinander gelten lassen, achten und tolerieren.

Natürlich werden wir immer wieder auf Einstellungen, Haltungen, Meinungen und Taten stoßen, denen wir nicht zustimmen können, die wir vielleicht sogar ablehnen oder verurteilen. Doch dann können wir unsere Meinungsunterschiede diskutieren, was beidseits vom ER ausgehen sollte, und zwar dem ungetrübten. Da jedes Ding nun einmal mindestens zwei Seiten hat, werden die Menschen auch immer in verschiedene Meinungslager geteilt bleiben. – Doch leider gibt es nur wenige, die die anderen achten und tolerieren als ebenbürtige Andersdenkende. Allgemein pflegen wir solche Menschen als human, edel oder große Persönlichkeiten zu bezeichnen. In TA sprechen wir bei diesen Menschen von klarem, harmonischem Zusammenwirken der einzelnen Ich-Zustände, bedingt durch die erste (bzw. fünfte) Grundhaltung.

Wer einmal eine Grundhaltung bezogen hat, der neigt dazu, die Welt in der Weise zu sehen und zu erleben, die diese seine Haltung rechtfertigt und damit aufrechterhält. Meistens sind wir nicht auf eine besondere Haltung festgelegt, sondern wechseln lieber von einer zur anderen zu verschiedenen Zeiten und bei verschiedenen Menschen. Ein Angestellter mag sich vor seinem Chef unzulänglich und eingeschüchtert fühlen (Ich bin nicht o. k. – Du bist o. k.), zu Hause nimmt er seiner Familie gegenüber eine recht arrogante Haltung ein (Ich bin o. k. – Ihr seid nicht o. k.), und schließlich zeigt er sich am abendlichen Stammtisch seinen Freunden gegenüber entspannt und aufgeschlossen (Ich bin o. k. – Ihr seid o. k.). – Die Haltung, die wir die meiste Zeit unseres Lebens einnehmen, nennen wir unsere *Lebenshaltung* (life-position). Diese wird als das Ergebnis einer Entscheidung angesehen, die wir irgendwann in unserer frühesten Kindheit einmal getroffen haben, als wir noch nicht über ein angemessenes, ausgebildetes ER und die notwendige ER-Information verfügten. Da Menschen als o.k. geboren werden, können sämtliche Nicht-o.-k.-Haltungen als ungesunde Fehlhaltungen angesehen werden, die entweder durch mangelnde positive Zuwendung, übertriebene Mißbilligung, gekreuzte und gedeckte Transaktionen oder auch durch Trübung entstanden sind. Wenn unser heutiges ER feststellt, daß sich unser K in unserer bisherigen Lebenshaltung unglücklich fühlt, dann kann unser ER zusammen mit dem K eine neue Entscheidung treffen, wie wir auch jederzeit Entscheidungen unseres täglichen Lebens ändern können. Nicht jeder von uns fühlt sich stark genug dazu, zumal dem rein theoretischen Vorgang der Neuentscheidung die weitaus mühevollere Arbeit des praktischen und gefühlsmäßigen Erlebens folgt. Das ist für uns aber etwas Neues, und vor allem Neuen hat unser K erst einmal Angst. Uns trotz all dieser Schwierigkeiten zu einer neuen Lebenseinstellung zu verhelfen, ist eine der Hauptzielvorstellungen der TA.

Zeitgestaltung (time-structure)

Neben dem Bedürfnis (in der TA wird direkt vom *Hunger* gesprochen) nach einer Grundhaltung und nach Zuwendung haben wir auch das Bedürfnis, unsere Zeit zu strukturieren, um z. B. nicht vor Langeweile (oder Zeitdruck) zu vergehen („Was soll ich jetzt mal machen? – Was wollen wir am Wochenende machen? – Ich habe keine Zeit! – Ich habe zuviel Zeit! – Ich erinnere mich der Zeit..."). Jeder von uns ist beim Ausfüllen seiner Zeit hungrig nach Beachtung, Anerkennung und Liebe durch andere Menschen, denn wir möchten gewiß sein, daß wir irgendwohin gehören, zu Hause oder am Arbeitsplatz. Ansonsten tut das Leben weh. Ob wir zur Schule gehen oder an unseren Arbeitsplatz, ob wir in Ferien fahren oder heiraten, Kinder erziehen oder schlafen: es gibt nur sechs Möglichkeiten, die Zeit zu verbringen. Auf einer Parkbank sitzt eine Mutter mit ihrem einjährigen Sprößling im Kinderwagen, aus irgendeinem Grund fängt dieser plötzlich an zu schreien. Nun kann die Mutter:
1. Das Geplärr nicht beachten (= sich entziehen); 2. dem Baby einen Schnuller in den Mund stecken (Ritual); 3. den Wagen schaukeln (Zeitvertreib); 4. aktiv werden und den Kleinen aus dem Wagen nehmen, ihn füttern oder die Windeln wechseln (Aktivität); 5. sich über das Baby ärgern (Gefühlsmasche) oder seufzen: „Wenn du nicht wärst, könnte ich jetzt..." und damit die Verantwortung für ihr „schweres Los" auf das kleine Geschöpf abschieben (Ränkespiel); 6. das Baby in ihre Arme nehmen, es an sich drücken, liebkosen und ihm Sicherheit und Wärme geben (Intimität). – Dieses Zeitgefüge ist nach steigender Intensität und Macht der Zuwendung geordnet. Jede Zeitstruktur hat ihre Vor- und Nachteile.

1. *Sich entziehen* (withdrawel). Wir können uns sowohl körperlich in die Einsamkeit als auch seelisch in eine eigene Welt der Fantasie zurückziehen. Wir schalten einfach ab, wenn wir die einstürmenden Reize nicht mehr aufnehmen oder verarbeiten können (moderne Reizüberflutung). Das beste Beispiel ist hier die Tagträumerei. Wir wollen einmal eigenen Gedanken nachhängen, Zeit für uns selber

haben, Abstand von anderen Leuten gewinnen oder schlafen gehen. Dadurch können wir Konflikte, Sorgen und Schmerzen vermeiden. Jedoch besteht die Gefahr, daß wir zum Einzelgänger werden, dem jede Information entgeht, so daß er bald nirgends mehr mitzureden vermag. Vor allem bleibt die lebenswichtige positive Zuwendung aus.

2. *Ritual* (ritual). Ein Ritual ist eine vorgegebene Verhaltensweise andern gegenüber und besteht aus stereotypen einfachen Transaktionen, die nicht in die tiefere Persönlichkeit und private Gefühlssphäre eindringen, die jedermann gebraucht und die zu Zeremonien oder Feierlichkeiten aufgebauscht werden können. Unser Alltag ist voll von solchen Begrüßungs-, Entschuldigungs-, Heirats-, Sterbe- und Gratulationsritualen. Viele kulturelle, religiöse, politische und gesellschaftliche Zusammenkünfte zeigen hochritualisierte Verhaltensmuster, in denen ein unbefangener Fremder sich niemals zurechtfinden würde. Durch Rituale erhalten wir automatisch (positive und negative) Zuwendung, ohne uns darum bemühen zu müssen. Da nicht einmal das Denken erforderlich (oft sogar unerwünscht) ist, spart das Ritual auch erhebliche seelische Energie. Allerdings können sich Rituale schnell zu mechanischen, unbewußten Automatismen abschleifen, so daß Entscheidungs- und Gedankenfreiheit sowie Spontaneität verkümmern. Über Rituale lassen sich leicht erste Kontakte knüpfen. Mehr über eine Persönlichkeit erfahren wir jedoch erst aus dem, was sie sagt, nachdem sie „Guten Tag" gesagt hat[2].

3. *Zeitvertreib* (pastimes). Die hierzu zählenden, meist einfachen Transaktionen helfen hauptsächlich, die Zeit mit belanglosen Gesprächsthemen auszufüllen, wie es auf Kaffeekränzchen, Skat-, Kegelabenden und Cocktailparties üblich ist. Beliebte Themen sind das Wetter, Autos, Sport, Mode und schließlich Klatsch und Tratsch. Diese verhältnismäßig sicheren, oberflächlichen, aber höflichen und daher gefahrlosen Unterhaltungen werden oft von Leuten geführt, die sich noch nicht gut kennen, aber hierdurch eine gewisse Ausgangsbasis haben, um neue Bekannte, vielleicht sogar spätere Freunde zu suchen. Dabei wird ihre eigene Grundhaltung bestätigt und durch die nötige Zuwendung (oft nur in Form von leeren Komplimenten) ihr seelischer Haushalt bereichert. Daß dieser Zeitvertreib schnell langweilig werden kann, bemerken wir manchmal sehr spät.

4. *Aktivitäten* (activity). Dieser Zeitablauf beschäftigt sich hauptsächlich mit der äußeren Wirklichkeit und wird schlechthin als Arbeit bezeichnet. An ihr können wir innere Spannungen und

Wut auslassen, sie bewahrt vor Langeweile und hält uns in mehrfacher Weise am Leben, in körperlicher, geistiger und seelischer Hinsicht. Menschen (ebenso wie Tiere) ohne Beschäftigung verkümmern oder werden krank, eine Tatsache, die sich in vielen alten Volksweisheiten widerspiegelt. Auf einer Südtiroler Hausinschrift ist zu lesen: „Sich regen und schaffen ist Gottes Gebot, Arbeit ist Leben, Nichtstun der Tod." Viele Kranke und Rentner bestätigen uns das täglich aufs neue, wenn sie mit der Fülle ihrer Zeit nichts zu beginnen wissen. Arbeit kann natürlich auch bis zur völligen Erschöpfung übertrieben werden, vielleicht um Innigkeit zu vermeiden, wie z. B. von dem ständig beschäftigten Manager, der seine Familie nur noch selten zu sehen bekommt.

5. *(Ränke)spiele* (games). Das Ränkespiel hat mit dem ursprünglichen Spielen des Kindes nichts mehr gemein, sondern ist (im Gegensatz zu Rückzug und Ritual) eine Folge verdeckter Transaktionen, die äußerlich recht einleuchtend erscheinen, jedoch von versteckten, unaufrichtigen und sich immer wiederholenden Motiven beherrscht werden. Damit manövrieren sich die Spieler in die verteufelte Situation, aus der sie ihre Zuwendung beziehen und die zugleich ihren „Lieblings"-Maschen (siehe nächstes Kapitel) Rechnung trägt. Ebenso wie bei diesen, weiß auch bei dem Spiel das ER nicht, was die beiden anderen Ich-Zustände treiben, es ist also *ausgeschlossen*. Im (Ränke)spiel sagst du das eine, meinst aber in Wirklichkeit etwas ganz anderes. Oft finden sich zwei Spieler zusammen (z. B. in vielen Ehen), von denen ein jeder sein spezielles Spiel betreibt, das aber zu dem des Partners paßt, z. B. „Schlag mich" und „Hab ich dich, du Schweinehund" oder „Makel" und „Dumm" (Abb. 9). Spiele werden hauptsächlich getrieben, um negative Zuwendung zu erwerben, Innigkeit zu vermeiden und Gefühlsmaschen aufrechtzuerhalten (siehe später).

6. *Intimität* (intimacy). Sie ist die einzig unmittelbare, aufrichtige und damit die machtvollste zwischenmenschliche Beziehung, mit freiem Geben und Empfangen von Zuwendung ohne Gefühlsausbeutung. Sie rührt tiefere, rein gefühlsbezogene Schichten des Menschen an. Neben ihr nehmen sich monotone Rituale, langweiliges Zeitvertreiben und auf versteckte Intrigen angewiesene Ränkespiele recht ärmlich aus. Intimität (wohl besser und unzweideutiger mit Innigkeit oder Vertrautheit übersetzt) vereinigt Zuneigung, Spontaneität, Natürlichkeit, Offenheit, Zärtlichkeit, Einfühlungsvermögen, Harmonie, Liebe und Glückseligkeit in sich und gehört damit zu der geheimen Sehnsucht jedes Menschen.

Innigkeit fühlen wir z. B. dann, wenn uns „die Worte versagen",

„das Herz überfließt", „es uns wohlig durch den Körper strömt", „zwei Seelen ineinanderfließen." Sehr intensiv vermag die Musik unsere innigen Gefühle auszudrücken.

Intimität (ebenso wie Liebe) ist nicht gleichzusetzen mit Sex, obschon sie beim Sex oft mitspielt. Jedoch kann Sex ebenso ein Ritual, ein Zeitvertreib an Regentagen, ein Spiel, ja sogar Arbeit sein. Innigkeit kann zwischen allen Menschen aller Altersstufen vorkommen: Mutter und Kind, alte Ehepaare, Enkel und Oma, Junge und Vater.

In ihrer Intensität erscheint die Innigkeit weit gefächert: von dem Aufkommen eines Sympathiegefühls beim Sichtreffen der Augen zweier Menschen, über das Versorgen eines verbrannten Kindes durch einen Barmherzigen bis hin zum Ausweinen eines Mannes an eines Freundes Brust, die wohl machtvollste und erschütterndste Art der Zuwendung, die ich bisher erlebt habe. – Diese Innigkeit mag vielen Menschen als übertriebenes Pathos oder als Kitsch erscheinen, was aber nur einen Abwehrmechanismus darstellt, der unsere eigene hohe Verwundbarkeit sowohl vor dem Zugriff anderer als auch vor uns selber abschirmen soll. Denn jede intime Beziehung zwischen Menschen birgt das Risiko des Zurückgestoßenwerdens in sich. Wie tief unser gekränktes K solche Schmach empfinden kann, wissen wir alle aus eigener Erfahrung. Wohin verwundete Gefühle einen Menschen zu treiben vermögen, wird in der Kunst immer wieder gezeigt (Nibelungen, Medea, Penthesilea, Othello, Salome). Oft erscheint der erlittene Schmerz mit dem Leben nicht mehr vereinbar, was das Individuum in seiner Ausweglosigkeit schließlich zum Selbstmord(versuch) treibt. Um dieses heikle Risiko gar nicht erst eingehen zu müssen, meiden die meisten Menschen die innigste Vertraulichkeit. Sie verzichten damit auf die mit ihr verbundene aufrichtige Zuwendung, indem sie jede beginnende zwischenmenschliche Beziehung in eine der übrigen fünf Zeitgestaltungen kanalisieren, wodurch ihnen wenigstens ein gewisses Maß an Zuwendung, wenn auch minderwertige oder gar negative, automatisch zugesichert ist. Dieses ist aber für die eigene Bedürfnisbefriedigung unzureichend und damit die Ursache unserer inneren Unzufriedenheit mit all ihren Folgeerscheinungen. Je weniger positive Zuwendung schließlich jemand zu geben oder zu empfangen vermag, desto mehr belächelt er die Intimität oder wertet sie gar als Gefühlsduselei ab.

Natürlich kann das nicht heißen, daß man jeden Augenblick innig und vertraulich sein kann – mit jedermann. In der Wirklichkeit des Alltags wird das mächtige „seid umschlungen Millionen" weiterhin ein Wunschbild bleiben. Jedoch ist es deine Wahl, wieviel Zeit deines Lebens du welchem deiner Gefühle zugestehen willst: du kannst depressiv sein, dich dauernd ärgern, einsam bleiben, dich langweilen, zu anderen Menschen gerade guten Tag und auf Wiedersehen sagen, sie anschreien oder abwerten oder lachen und lieben und manchmal auch weinen und dich freuen, daß du lebst.

Wenn du dich von Spielchen befreist und statt dessen mit einem Menschen zusammen bist, den du magst und der dich mag (was nichts mit Sexualität zu tun haben muß), das ist die schöne Zeit, die das Leben wertvoll und lebenswert macht.

Rabattmarken, Gefühlsmaschen und (Ränke)spiele

Das Sammeln von psychologischen Rabattmarken bedeutet in der TA-Sprache das Aufbewahren von bestimmten Gefühlen so lange, bis genügend von ihnen vorhanden sind, um sie dann für einen größeren oder kleineren psychologischen Preis – sozusagen einen schuldfreien Racheakt – einzutauschen. So wie richtige Rabattmärkchen ganz legal beim Einkaufen erstanden werden, so stammen auch die TA-Marken aus normalen Transaktionen als ein Nebenprodukt. Während das ER seinen Geschäften nachgeht, späht das K eifrig nach einem besonderen zusätzlichen Gewinn (dem Rabatt) aus. Für je ein Gefühl der Schuld, Furcht, des Schmerzes oder Ärgers fällt je ein blaues, graues, braunes oder rotes Rabattmärkchen ab, bis schließlich ein ganzes Buch – oder mehrere – gefüllt ist. Einige K sammeln auch goldene Marken für ihre guten Gefühle, was jedoch vergleichsweise viel weniger geschieht.

Der „Laden", in dem die TA-Marken eingewechselt werden, bietet die gleiche Auswahl an Preisen wie ein regelrechtes Rabattmarkengeschäft. So kann eine Hausfrau ihr mit goldenen Marken gefülltes Buch in einen freien Sonntag eintauschen, ohne das schlechte Gewissen haben zu müssen, ihre Familie zu vernachlässigen: „Nachdem ich die ganze Woche meinen Haushalt so ordentlich geführt habe, möchte ich heute mal frei haben, gehen wir also außerhalb essen." Viel häufiger werden jedoch Bücher mit Märkchen der schlechten Gefühle eingetauscht. Der Zeitpunkt des „Umtausches" ist erkenntlich an Äußerungen wie: „Jetzt reicht's mir aber" oder „das habe ich mir lange genug anhören müssen..." oder „das bringt das Faß zum Überlaufen..." Er steht kurz bevor: „Wenn das auch nur noch ein einziges Mal passiert, kannst du etwas erleben..." oder „jetzt platzt mir aber bald der Kragen..." Für ein Buch voller eifrig gesammelter schlechter Gefühle stehen kleine Preise zur Verfügung (Anschreien eines Arbeitskollegen oder Ehepartners, ein kleiner Diebstahl oder Trunkenheit), mit zehn „Büchern" kann man schon ein außereheliches Sexualverhältnis oder eine Spielerei mit Schlaftabletten (erfolgloser Selbstmord) „rechtfertigen". Für 100 „Bücher" erhält der Sammler schließlich einen „Hauptpreis", wie z. B. eine *freie* – d. h. das Gewissen (EL) nicht belastende – Ehescheidung, ein freies Verlassen der Arbeitsstelle, Schule oder Familie, einen freien Selbstmord, einen freien Raubmord oder eine freie Geisteskrankheit (Psychose).

Wenn wir nun das Einlösen (und damit das stillschweigende Gewährenlassen) unserer schlechten Gefühle als eine Entschuldigung oder gar Rechtfertigung für etwas ansehen, was wir gewöhnlich nicht tun würden, dann sind wir in eine Gefühlsmasche verstrickt (racket, auch mit Gefühlskreisel, Ersatzgefühl, Gefühlshandel, Gefühlserpressung, Gefühlsverstrickung übersetzt). Eine Masche ist eine krumme verdeckte (und daher oft gefährliche) Weise, das sich nicht o. k. fühlende K in uns gewähren zu lassen. Wir erhalten auf diese Weise Zuwendung, wenn auch nur negative. Ein weiterer Vorteil der Masche besteht darin, daß unser ER nicht die Verantwortung für unsere schlechten Gefühle zu übernehmen braucht, da das nicht o. k. K sie „dem anderen" zuschiebt. So glaubt z. B. ein ständig beleidigter Ehemann, nach allem, was er vermeintlich durchgemacht hat, sich das Recht erworben zu haben, sein Magengeschwür in der nächsten Kneipe zu verschlimmern und den daraus entstehenden Schaden (Operation, Verdienstausfall, Schmerzen) seiner Frau anlasten zu können. – Diese Markensammler versteigen sich in allerlei Vermutungen über das, was jemand gesagt haben könnte; sie hören persönliche Beleidigungen in einfachen Bemerkungen.

TA-Rabattmarken sind sozusagen die Währung der Maschen. Diese bestehen hauptsächlich aus Depression, Schuld, Angst, Groll und Ärger, aber oft auch aus Eifersucht, Dummheit, Nachtragendsein, Ohnmacht, Minderwertigkeit, Haß und Enttäuschung (Frustration), kurz, jedem schlechten Gefühl. Natürlich müssen diese Gefühle nicht immer zu Maschen ausgenutzt werden (wenn auch so gut wie niemals eine Gruppentherapie-Stunde oder überhaupt ein Tag im Betrieb oder in der Familie vergeht, ohne daß nicht wenigstens eine dieser Maschen aufgenommen wird), sondern sie können auch echt sein, wie z. B. die Angst während eines Feuers oder einer Sturmflut. Dieses Gefühl der Angst ist jedoch vorübergehend und von jedermann nachzuempfinden, während es bei einer Masche objektiv nicht begründbar ist und ständig wiederkehrt („immer wieder die alte Masche").

Wenn ein Übergewichtiger (ein Raucher oder ein Alkoholiker) sich wegen seines Lasters schuldig fühlt und daraufhin sein ER die Konsequenzen zieht, d. h., er hört auf, übermäßig zu essen (zu rauchen, zu trinken), dann war das Schuldgefühl aufrichtig und keine Maske. Oder er bekennt sich von seinem ER aus zu diesem Luxus, dann braucht er sich deswegen nicht schuldig zu fühlen. Wenn er aber fortfährt, sich zu überessen (zu rauchen, zu trinken), und sich deswegen weiterhin schuldig fühlt, dann ist das Schuldgefühl ein unaufrichtiges Gefühl, eine Maske. Das K erfährt dabei negative Zuwendung, und für jede Zigarette gibt es Schuld-Rabattmärkchen, die bücherweise gesammelt und schließlich z.B. in einen Herzinfarkt (oder ein Delirium) eingetauscht werden können.

Rabattmarkensammler machen es sich sowohl in der psychotherapeutischen Behandlung als auch im Alltag sehr schwer, da sie nur zögernd bereit sind, ihre bisher gesammelten Markenbücher wegzuwerfen. Sie meinen ein Recht darauf zu haben, ihr K gewähren zu lassen, selbst wenn sich dieses Zugeständnis an das K selbstzerstörerisch auf ihre gesamte Persönlichkeit auswirkt.

Schlechte Gefühle sind also unehrlich (und damit Masken), sobald wir sie für sonst nicht erlaubte Verhaltensweisen (Scheidung, Delir, Weglaufen von zu Hause, Schlagen des Ehepartners, Selbstmord usw.) ausnutzen. Hat sich in unserem K z.B. unterdrückter Ärger angestaut, warten wir, bis jemand (= der Mitspieler) etwas unternimmt, was uns rechtfertigt, nun endlich unseren Ärger zum Ausdruck zu bringen. Rechtfertigung heißt in diesem Falle, daß unser ER mit dem K übereinstimmend zu unserem EL sagt: „Niemand kann mich dafür tadeln, daß ich unter solchen Bedingungen wütend werde." Somit können wir „frei" von Schuld (EL) unseren vermeintlichen Widersacher aufhetzen und wirklich ausrufen: „Ha, niemand würde mich tadeln, und jetzt habe ich dich endlich, du Schweinehund", womit das gleichnamige Spiel im Gange wäre.

Ersatzgefühle haben wir hauptsächlich in der Kindheit gelernt: In vielen Familien sind bestimmte Gefühle verboten, z.B. Traurigkeit und Trauer, da diese angeblich Schwäche bezeugen. Dafür ist aber Wut erlaubt, so daß die Kinder sehr schnell lernen, Wut zu zeigen, wenn sie in Wirklichkeit traurig sind. In anderen Familien heißt es, „Zeige nicht dauernd deinen Ärger, lächle lieber", und diese Kinder zeigen ein ganz anderes Gesicht. Durch ihr Lächeln geben sie sich selber Zuwendung von ihrem eigenen EL aus dafür, daß sie gute Kinder sind. Da hier wahre Gefühle durch künstliche Gefühle – eben die Gefühlsmasken – ersetzt worden sind, werden letztere auch Ersatzgefühle [5] genannt. Sie stehen bei uns anstelle eines wahren Gefühls, für das wir uns bis heute noch keine Erlaubnis geben, obschon wir heute – im Gegensatz zu unserer Kindheit – Macht über unsere Gefühle haben können, nämlich durch unser ER. Das

ER alleine kann entscheiden, ob unser jeweiliges Gefühl vom f-K kommt und damit ein wahres, ursprüngliches ist (hiervon gibt es eigentlich nur vier: Freude, Trauer, Wut und Angst [5]) oder ob es aus dem a-K stammt und damit wahrscheinlich ein Ersatzgefühl darstellt. Unser ER allein kann entscheiden, welches gelten soll und ob es Konsequenzen ziehen soll oder ob unser K in seinen schlechten Gefühlen weiter schwelgen soll. Unser K vermag nicht zwischen ursprünglichen, „echten" Gefühlen und sogenannten „unechten" Maschen zu unterscheiden, es empfindet *jedes* Gefühl als echt.

Dazu noch ein Beispiel: Jeder von uns hat seine „Lieblings"-maschen, die wir u. a. sehr gut beim Autofahren erkennen. Es fahren sieben Fahrer die gleiche Straße zur gleichen Zeit, dann fühlt der erste Fahrer sich hilflos im Verkehr, der zweite ist wütend auf die andern Fahrer, der dritte stöhnt über die Verkehrsdichte, der vierte ist durch das rollende Blech vor, hinter und neben sich völlig verwirrt, der fünfte hat Angst beim Fahren, der sechste fühlt sich schuldig, da er zu der Verkehrsdichte beiträgt, und der siebente fühlt sich in seiner Fahrweise all den andern „armen Fahrern" haushoch überlegen. – Diese beschriebenen Fahrgefühle sind Maschen, solange sie stereotyp sich immer wiederholen, denn sie sind eine indirekte, manipulative Art, sich Zuwendung zu verschaffen (z. B. durch den „deutschen Fahrergruß"). Da sie ein ursprüngliches Gefühl aber nur ersetzen, befriedigen sie es keineswegs, und damit führen sie auch nicht zu einer sinnvollen Handlung oder einem Endergebnis. – Wenn aber wir Fahrer die Verantwortung für unsere schlechten Gefühle selber übernehmen, und sie nicht dem Verkehr, der Straße oder allgemein „den andern" zuschieben, sondern mit unserem ER die Konsequenzen aus unseren schlechten Fahrgefühlen ziehen, indem wir langsamer fahren, eine andere Straße nehmen oder das Auto zu Hause lassen und mit der Bahn fahren, dann wird durch diese sinnvolle Handlung unser schlechtes Gefühl beendet, und die beschriebenen sieben Beispiele sind keine Maschen, sondern echte Gefühle, die von anderen Menschen in gleicher Weise nachempfunden werden können. – Es ist gerade zu den Verkehrsspitzenzeiten recht amüsant bzw. tragisch, die „Maschenschläger" in ihren Autos zu beobachten, die zu einer Konsequenz nicht fähig waren, z. B. auf öffentliche Verkehrsmittel umzusteigen oder Wohnung und Arbeitsplatz näher zusammenzubringen.

Unsere Gefühlsmaschen haben wir auf verschiedene Weise lernen können: a) durch Nachahmen unserer Eltern; b) indem wir nur für ein bestimmtes Verhalten Zuwendung erhielten (wenn wir frech und aufsässig waren). Waren wir hingegen artig und fühlten uns wohl beim Spielen, wurden wir nicht beachtet, da die Eltern mit anderen Dingen oder Streitereien beschäftigt waren; c) indem uns gesagt wurde, was wir zu fühlen oder zu denken haben („So ein großer Junge weint doch nicht mehr", oder „du bist ja gar nicht so böse, sondern nur übermüdet", oder „hör endlich auf, über deinen toten Hamster zu heulen, so etwas Besonderes war der ja auch nicht, es gibt wirklich genug anderes, über das man heulen könnte!"). – Hier fällt mir ein Hausbesuch bei einer Migränepatientin ein: Die Wohnung war wie ausgestorben, nur im Flur saß das kleine Töchterchen und spielte mit ihren Puppen, zu denen ich sie gerade flüstern hörte: „So mein teines Baby, mut du sön lieb und leise sein, Mutti hat heute danz slimme Midäne." Dabei hält sie ihren Kopf mit beiden Händen und stöhnt ihrem „Baby" etwas vor, und das mit einer erstaunlichen Echtheit. –

Wir können unsere Gefühlsmaschen, die ja immer eine Abwertung beinhalten, von drei Hauptpositionen aus schlagen und in ihnen schwelgen: in der Rolle des Opfers (ich bin hilflos, du bist besser als ich, ich bin nicht o.k. – du bist o.k.), in der Rolle des Retters (ich kann mehr als du, ich bin o.k. – du bist nicht o.k.) und in der Rolle des Verfolgers (ich bin besser als du, du taugst absolut nichts, ich bin o.k. – du bist nicht o.k.). Diese zusammen bilden das *Drama-Dreieck* (Abb. 8), in dem wir unsere Rollen nach Belieben wechseln können.

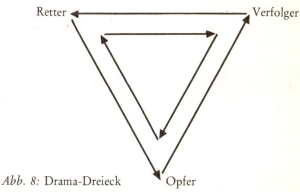

Abb. 8: Drama-Dreieck

Die einzelnen Rollen können sowohl von verschiedenen Personen (oder Gruppen) als auch innerhalb einer Person von ihren einzelnen Ich-Zuständen gespielt werden. Jede Dreiecksbeziehung ist in sich bereits recht schwierig, und meistens spitzt sie sich schnell in dem teuflischen Drama-Dreieck zu, wie uns Frau E. zeigt, die furchtbar darunter litt, daß sie sich nicht zwischen zwei Bezugspersonen ihres jetzigen Lebens entscheiden konnte: „Ich war mal bei einem Psychoanalytiker, der mir aus einer damaligen schwierigen Lebenslage sehr gut herausgeholfen hatte. Als es mir besser ging, verliebte ich mich prompt in ihn, getraute mich aber nicht, es ihn wissen zu lassen. Bald merkte ich aber, daß seine Ehe auch nicht so recht in Ordnung war; und als er einmal in meiner Gegenwart auf seine Frau schimpfte, da passierte es eben, und ich fand es auch ganz schön und dachte eben, es gehöre zur Therapie. Eine ganze Zeit trafen wir uns heimlich, doch hat er mir verboten, in seiner Gruppe auch nur irgend etwas zu sagen. Das begann mich mit der Zeit zu bedrücken und wurde ganz schlimm, als seine Frau ‚davon' zu hören bekam und mich eines Tages herunterputzte, weil ich ihre Ehe zerstört hätte. Ich weiß zwar, daß die Schwierigkeiten bereits vorher bestanden haben, fühlte mich aber schuldig. Als ich meinem Analytiker davon erzählte, eröffnete er mir ganz lakonisch, daß er eigentlich nichts mehr für mich empfinde und daß er den ganzen Scheidungskram jetzt hauptsächlich meinetwegen erdulden müsse. Das verschlug mir beinahe den Atem. – Nach seiner Scheidung wollte ich noch einmal zu ihm, und schon vor der Tür fing ich an zu heulen. Und dann machte seine Frau auf. Er selbst war bereits ausgezogen. Sie war aber auffallend nett und tröstete mich. Ich wußte nicht mehr, was ich tun sollte, fühlte mich völlig hilflos und war eigentlich froh, daß sie mich etwas später mit in Urlaub nahm. Wir wurden auch ganz gute Freundinnen, ich verdanke ihr viel in den letzten Monaten. Doch jetzt tauchte ihr Mann plötzlich wieder auf, und sie bat mich, ihr beizustehen. Was soll ich tun?! Ich könnte diesen Mann umbringen, aber auf der anderen Seite möchte ich ihm auch helfen. Tue ich das aber, verliere ich auf jeden Fall die Freundschaft seiner ehemaligen Frau. Wie ich es auch anstelle, ich fühle mich immer schuldig."

Daraus ergibt sich die logische Therapie: 'raus aus dem Drama-Dreieck; am besten geht das mit f-K, ER, und n-EL zusammen! – Anders als bei Frau E. kann sich der Rollenwechsel in wesentlich kürzeren Zeiteinheiten vollziehen: So klagt Herr F., wie schwer er es mit seiner Frau habe und daß er immer öfter an „wahnsinnigen Depressionen" leide, und daß „das Leben so entsetzlich schwierig" sei, und daß ... und daß ... Das könnte stundenlang so weitergehen, solange Herr F. einen sympathischen Zuhörer hat. Wenn sich dieser jedoch – des a-K-Gejammers überdrüssig – zum Weggehen anschickt, wechselt Herr F. schnell die Rolle (vom Opfer zum Verfolger) und beschuldigt nun den bisher so ruhig gebliebenen Zuhörer, daß ihn seine so schrecklichen Probleme gar nicht interessieren und daß er (Herr F.) sich an einen anderen Menschen wenden müsse, der ihn besser verstehe. Wenn der Zuhörer in das Drama-Dreieck einsteigt, fühlt er sich jetzt schuldig (als Opfer) und wird in den nächsten Transaktionen vielleicht Herrn F. retten wollen, da ja „alles gar nicht so gemeint war". Herr F. aber, indem er von einer Maschen-Rolle zu einer andern gewechselt ist, hat neue Zuwendung erhalten und vielleicht sogar seinen Zuhörer zum Bleiben bewegen können. Merkt Herr F. eines Tages, daß er mit seiner Maske keinen Erfolg mehr hat (der Zuhörer nicht in das Drama-Dreieck eintritt), wird er ein stärkeres Geschütz auffahren, mit dem er seinen Zuhörer zum Bleiben zwingen kann, und das sind die *Ränkespiele*.

Wenn wir uns miteinander auf mehr als einer Ebene (siehe verdeckte Transaktionen) zur gleichen Zeit unterhalten (kommunizieren) und wenn das Ergebnis dieser Transaktionen bei uns ein schlechtes Gefühl hinterläßt, dann sind wir in einem Ränkespiel verhakt. Dieses ist definiert als „eine fortlaufende Reihe einfacher, verdeckter Transaktionen, die zu einem gut erkenntlichen, vorhersehbaren Ausgang führen" [1]. Dieser vorhersehbare Ausgang oder „Nutzeffekt" besteht aus einem schlechten Gefühl bei jedem Mitspieler. Ein schlechtes Gefühl ist jedes Gefühl, das auf einer Abwertung unser selbst oder der andern beruht. Es reicht von der Traurigkeit oder Verwirrtheit eines „Opfers" über die Besorgnis oder das Mitleid es „Retters" bis hin zur Wut oder zum Haß und Triumph eines „Verfolgers". – Dementsprechend können Ränkespiele in diese drei Hauptgruppen gegliedert werden.

Oft sind wir erstaunt darüber, daß wir nach einer gewissen Zeit der gegenseitigen Zuwendung (z.B. angenehme Unterhaltung) plötzlich ein gespanntes, feindliches, trauriges oder irgendwie unangenehmes Gefühlsklima verspüren. Unser Erstaunen stammt von der Tatsache, daß Ränkespiele ohne ER-Bewußtsein ablaufen, so daß der schlechte Gefühlseffekt als eine Überraschung kommt. An folgendem Beispiel ist einer Gruppe das Gesagte einmal ganz klargeworden: Paar G.: Nachdem sie gerade in harter Arbeit erfolgreich eine Blockierung gelöst hatte, strahlte ihr Gesicht auf, und sie erhielt sehr viel positive Zuwendung. Dann fragte sie der Therapeut: „Willst du deinem Mann jetzt etwas sagen?"
Sie: „Nein, aber dir, ich finde es ganz toll, wie du das so machst, ich kann nämlich Leute im allgemeinen gut manipulieren, aber bei dir klappte das nicht."
Th: „Schade! Nicht wahr?"
Sie: „Nee, gar nicht, eigentlich fühle ich mich jetzt viel wohler."

Hier sollte ihre Arbeit zunächst beendet sein, und es trat eine kurze Pause ein. Dann begann sie noch einmal, mit ernstem Gesicht an ihren Mann gerichtet.

Sie „Aber ich möchte doch noch was sagen. Ich beobachte dich jetzt eine Weile, warum machst du so ein mieses Gesicht, gönnst du mir meine Freude nicht, warum freust du dich nicht mit mir?"

Er (ruhig, sachlich): „Das will ich dir sagen, es machte mich traurig, als du mir nichts Nettes sagen wolltest, sondern dafür jemand anderes mit Lob überschüttet hast."

Sie (sich ereifernd): „Siehste, genau das ist es, nie kann ich tun, was ich will, immer muß ich mich nach dir richten, genau wie es mit meinen Eltern war, was immer ich tue, es wird mir verleidet, und ich muß ein schlechtes Gewissen haben..." (heult)

Er (noch relativ ruhig): „Ei, warte mal, davon redet doch keiner. Habe ich keinen Grund, traurig zu sein, wenn du gefragt wirst, mir was Nettes zu sagen, und du dich statt dessen einem andern zuwendest?"

Sie (weiter heulend): „Ach was, warum muß ich nur nett zu dir sein, ich bin doch nicht dein Sklave!"

Er (ärgerlich, sie unterbrechend): „Quatsch, es hat doch keinen Sinn, sich darüber mit dir zu unterhalten..."

... und beide fühlten sich schlecht, immerhin für sie eine gewohnte Art, sich Zuwendung zu verschaffen.

Ränkespiele werden an ihrem sich ständig wiederholenden, stereotypen Ablauf erkannt, der immer mit einer (natürlich versteckten) Abwertung beginnt und immer mit einem schlechten Gefühl endet, wie ebenfalls an dem Beispiel des Paares G. deutlich wurde. Ränkespiele sind gelernte Verhaltensweisen, und die meisten Leute spielen eine gewisse Anzahl ausgesuchter Lieblingsspiele mit verschiedenen Personen und mit verschiedenem Schwierigkeitsgrad. Je intensiver das Bindungsverhältnis (Ehe, Familie), desto „härter" das Ränkespiel:

Ränkespiele *ersten Grades* werden in gesellschaftlichen Kreisen mit jedem Spielfreudigen begonnen und führen zu einer leisen Entrüstung. Das leichte Spiel „Verführung" (Rapo) kann eigentlich recht amüsant und kitzelig sein, wenn z. B. ein Mann und eine Frau einen Abend miteinander flirten. Doch dann dreht sie ab, läßt ihn stehen, und beide fühlen sich nicht mehr so wohl. (So wie bei der Julischka aus Budapest: „... erst macht sie mich total verrückt, dann sagt sie gute Nacht.")

Im Ränkespiel *zweiten Grades*, das bereits in vertrauter Umgebung abläuft, sind die Teilnehmer auf einen größeren Anteil an schlechten Gefühlen aus: Hier mag z. B. der sexuelle Reiz über einige Tage geschürt werden, bis eine sexuelle Annäherung unumgänglich zu sein scheint, diese stößt jedoch auf schroffe Ablehnung. Die Frau verschwindet wütend und ist bestärkt in ihrer Skripthaltung: „Alle Männer sind schlecht!", während der Mann, ein „Tritt-mich"-Spieler, sich wieder einmal verletzt und abgelehnt fühlt.

Ränkespiele *dritten Grades* führen zu dem härtesten Nutzeffekt (Körperverletzung, Delirium oder [Selbst-]Mord usw.) und enden meist im Gefängnis, Krankenhaus oder auf dem Friedhof.

Die Zeit über die sich ein Ränkespiel erstrecken kann, beträgt manchmal nur Sekunden, wie z. B. das „Ja-aber"-Spiel:

Pat.: „Herr Doktor, glauben Sie, daß es mir je wieder besser gehen wird?"

Arzt: „Sicher wird es das."

Pat.: „Wieso können Sie so sicher sein?"

Oder sie erstreckt sich über Jahre, wie z.B. das Ränkespiel von Alkoholikern, „Fixern", Rauschgiftsüchtigen. Auch waghalsige Rennfahrer oder Bergsteiger gehören dazu.

Hier noch einige Beispiele für Ränkespiele [1].

„Hab ich dich endlich, du Schweinehund": Die Ehefrau hat ihren Mann gebeten, doch Bescheid zu geben, wenn er nicht pünktlich zum Essen kommen kann. An einem sehr geschäftigen Tag hat er dies vergessen, und als er nach Hause kommt, empfängt ihn seine Frau (als Verfolger): „Jetzt ist es acht Uhr, warum hast du nicht angerufen... sieh zu, wo du dein Essen erhältst...!" – Endlich hat die Frau mal eine schwache Stelle oder ein „Vergehen" bei ihrem Mann gefunden, um Rache nehmen zu können, z.B. für das, was er ihr vor Jahren einmal angetan hat. Am nächsten Morgen mag ihr das bereits wieder leid tun, und sie weckt den Hungrigen (als Retter) mit einem üppigen Frühstück.

„Ja-aber." Ein Chef ruft seine Mitarbeiter zu einer Konferenz zusammen, um einige Vorschläge für eine bessere Effektivität des Betriebes zu hören. Viele unterschiedliche Ideen werden vorgebracht. An allen nörgelt der Chef herum, daß sie aus diesen oder jenen Gründen nicht funktionieren könnten (was oft, aber nicht unbedingt mit einem „ja-aber" eingeleitet wird). Schließlich getraut sich keiner mehr noch irgendeinen Vorschlag zu äußern, und der Chef stellt ärgerlich fest: „Alles muß man alleine machen!" – Zwischen den Zeilen sagt der Chef (als Verfolger): „Ich will eure Hilfe gar nicht, ich weiß viel mehr als ihr." Somit hat er Aufmerksamkeit erhalten und die andern als nutzlos und dumm abgewertet, und da-

mit seine „Größe" (Grandiosität) hervorgehoben. – Ja–aber ist auch ein beliebtes Ehespiel, wenn es z. B. um die leidige Ferienplanung geht: der eine macht Vorschläge, der andere hat aber zu jedem einen neuen Einwand, und schließlich ist beiden die Lust auf Urlaub zunächst vergangen.

In *„Sieh bloß, was du angerichtet hast"*, beschuldigt ein Partner den andern für einen Fehler, den er selber gemacht hat, und er benutzt die Reaktion des andern (Entschuldigung oder Ablehnung) als „Beweis" für seine Untadeligkeit, und er kann wieder eine Rabattmarke für „gerechtfertigten, schuldfreien Ärger" sammeln.

Ein weitverbreitetes Spiel besonders in Ehen ist *„Wenn du nicht wärst"*. Eine Frau klagt ihrem Mann, daß er sie niemals tun lasse, was sie wolle, und denkt dabei mit ihrem ER, daß ihre Bekümmernis gerechtfertigt ist. Zugleich bittet ihr K ihn insgeheim, ihr beim Vermeiden dessen, was sie will, behilflich zu sein, da sie (ihr K) befürchtet, sie könnte das gar nicht durchführen. Dieses Spiel dient hauptsächlich dazu, Fehler, Mißerfolge, Entbehrungen, Unausgeglichenheit, Unstimmigkeit und Maßlosigkeit auf „den anderen" abzuschieben (zu projizieren). „Wenn du (Ehepartner, Familie, Kinder, Nachbarn, Arbeitskollegen, Vorgesetzte usw.) nicht wärst, wäre eine Mark noch eine Mark, und was könnte ich damit alles anfangen..., ...hätte ich nicht heiraten müssen; ...könnte ich meinen Beruf ausüben ...wäre ich schon längst befördert; ...müßte ich nicht so schuften ... hätte ich keine Krampfadern; ...könnte ich das Leben genießen ... usw."

Wir Menschen brauchen diese Projektionen, um unsere oben genannten Gefühle der Unzulänglichkeit abzuwehren. Denn wenn wir diese „dem anderen" zuschieben, sehen wir uns in einem besseren Lichte – vielleicht sogar mit Heiligenschein, so daß wir selbstherrlich auf den anderen herabblicken können. Ja, noch mehr, mit Hilfe unseres Spieles dürfen wir ihn (d.h. unseren verpönten Ich-Anteil, den wir auf ihn verschoben haben) sogar hassen und schließlich vernichten, ohne uns selber zerstören zu müssen; und wir brauchen uns nicht einmal schuldig zu fühlen, da wir genügend Rabattmarken, ja ganze Bücher gesammelt haben, um sie „schuldfrei" gegen einen solchen Racheakt eintauschen zu können. – Die gleichen Verschiebungsvorgänge sind täglich über unseren unmittelbaren Persönlichkeitsbereich hinaus zu beobachten, zwischen Interessenverbänden, Religionsgemeinschaften, Rassen, Parteien, Staaten und ideologischen Blöcken. Mit der Schaffung des „Feindbildes" ist der Teufelskreis der Zerfleischung der Menschen untereinander geschlossen, und die Kriege dürfen sogar heilig genannt werden. „Wenn die

Bedrohung aus dem Osten nicht wäre, bräuchten wir nicht solche Unsummen in die Rüstung zu stecken." "Wenn die imperialistisch-kapitalistischen Revanchisten nicht wären, bräuchten wir überhaupt kein Militär, sondern lebten in Frieden und Freundschaft." – Daß diese Projektionen wirklich Ränkespiele sind, beweist die Tatsache, daß nach der Vernichtung eines solchen gefährlichen Gegners längst kein Weltfrieden eingetreten ist, da die Siegermächte dann ja die Verantwortung für ihre eigenen „Kehrseiten" auf sich hätten nehmen müssen! Folglich suchen sie schnell nach einem neuen Gegner für ihre Projektionen und entzweien sich – und das mit so viel Haß, daß sie einen eisernen Vorhang zwischen sich aufrichten mußten. Das Spielchen kann fortgesetzt werden, nachdem nur die Lager etwas verschoben worden sind – Genauso wie bei den kleinen Kindern im Sandkasten. Ersetzen wir das Wort „verschieben" durch „verrücken", so verstehen wir, was „verrückt" wirklich bedeutet!

Wie solche Spiele durch die Eltern gefördert werden, zeigt ein Beispiel aus einer Familientherapiestunde: Beim Spielen ist ein Dreijähriger leicht mit dem Kopf an einen Stuhl geschlagen. Sofort sprang die Mutter hoch, machte ein Theater, als ob der Kleine stürbe, und sagte schließlich: „Hat der böse Stuhl dir Aua gemacht. – Schlag ihn mal – feste..." – Später lernt dieses Kind, die Geschwister für Streitereien zu beschuldigen, die Lehrer für seine Faulheit und schließlich die Eltern für sein verpfuschtes Leben. – Es ist schwierig zu lernen, die Verantwortung für Fehler, aber auch für Verdienste zu übernehmen und sich dabei noch o.k. zu fühlen! Doch gerade das geht mit einer gewissen Übung wunderbar. Jeder kann es!

In jedem Spiel bekennen wir unsere Hilflosigkeit und werten unsere Fähigkeit ab, unser eigenes Leben zu gestalten und zu ändern. Diese Ohnmachts-Maske wird auch durch das Spiel „*Hölzernes Bein*" bestärkt: „Wie kann man von einer Frau mit vier Kindern erwarten, daß sie ...; wie sollte ich mit meinem Diabetes denn ...; heute habe ich aber gerade ganz entsetzliche Kopfschmerzen ... usw." Jeder, der bisher noch niemals auf seinen eigenen Beinen gelaufen ist, wird eine natürliche Furcht vor dem ersten Schritt haben. Kein Mensch braucht ein Holzbein vorzuschieben, um eine Situation zu vermeiden oder um Hilfe zu bitten. Jeder braucht nur seine wirklichen Gefühle und Wünschen klar und deutlich zu bejahen.

Viele Menschen jammern den größten Teil des Tages: „*Ist es nicht furchtbar ...* daß ich mich nicht mal mehr auf meinen Mann verlassen kann; ... wie meine Frau den Haushalt führt; ... wie sich die

Jugend heute benimmt;...wie teuer das Leben ist etc." Ihr Klagen ändert bestimmt nichts an dem Verhalten der anderen. Anstatt ihre seelische Energie für das krampfhafte Aufrechterhalten schlechter Gefühle zu vergeuden, könnten sie sie sinnvoller zu ihrer Veränderung einsetzen, wenn sie das wollen. – Leichter ist es zweifellos, Kinder sofort auf ihre Spiele aufmerksam zu machen: Eine Dreizehnjährige erklärte in einer Familientherapie eines Tages ganz stolz: „Am Wochenende hatte ich Fieber und lag im Bett, meine Mutter kümmerte sich ganz doll um mich, da sagte meine kleine Schwester, daß sie auch krank sei. Ich erkannte gleich ein Spiel, mit dem sie auch Muttis Liebe wollte. Ich erklärte ihr, daß sie dazu kein Spiel treiben muß, sondern Mutti direkt um Liebe bitten kann. Und sie tat es und bekam sie auch... Das war unser schönstes Familien-Erlebnis seit Jahren...", und sie weint.

Ränkespiele finden aus verschiedenen Gründen statt [11]:
a) Um Zeit auszugestalten.
b) Um Zuwendung zu erhalten – positive Zuwendung zu Beginn des Ränkespiels, negative auf jeden Fall am Ende. Ein Ränkespiel mag als „gut" angesehen werden, wenn es mehr positive Zuwendung in seinem Anfangsstadium hervorbringt.
c) Um eine Gefühlsmasche (als „seelische Balance") aufrechtzuerhalten.
d) Um andere Menschen um sich zu halten, wenn die Zuwendung aus Gefühlsmaschen versiegt.
e) Um elterliche Einschärfungen zu bestätigen und das Lebensskript zu fördern (siehe nächstes Kapitel).
f) Um die eigene Lebenshaltung zu rechtfertigen durch den „Beweis", daß man selbst und/oder die andern nicht o.k. sind.
g) Um möglichst intensive Zuwendung zu erhalten, zugleich aber die Quelle intensivster Zuwendung, die Innigkeit – ihres hohen Risikos der Ablehnung wegen –, zu vermeiden.
h) Um Menschen berechenbar zu machen.
i) Um die ER-Verantwortung für die eigenen Handlungen und Gefühle zu vermeiden: Es ist viel einfacher, „dem anderen die Schuld" für die eigenen schlechten Gefühle zuzuschieben.

Menschen in der ersten Grundhaltung, die also andere als o.k. erachten und deren eigenes K sich o.k. fühlt, nennen wir *Gewinner*. Sie brauchen weder braune noch goldene Rabattmarken zu sammeln, denn Gefühle auf Raten zu sammeln, ist im Endeffekt teurer, als sie gleich zu verarbeiten, genauso wie der Kauf eines Autos auf Raten viel teurer ist als mit einer Sofortzahlung. Hier wie dort gaukeln die günstigen Ratenzahlungen dem K nur eine scheinbare Verbilligung vor, eine Erleichterung für den Augenblick. – Gewinner brauchen auch nicht in Gefühlsmaschen zu schwelgen oder sich in Ränkespiele zu verhaken, denn sie übernehmen selber die volle Verantwortung für ihr Denken und Handeln und bedürfen keiner Entschuldigung, Ausflüchte oder Rechtfertigungen für das, was sie tun oder fühlen.

1. „Ich finde solche Maschen beschissen, warum habe ich sie dann eigentlich?"
Es ist wichtig zu wissen, daß unser K Maschen in einer Situation entwickelt hat, in der sie für unser Wohlergehen (= Zuwendung), vielleicht sogar für unser Überleben am zuverlässigsten waren. Dies zeugt von ausgesprochener Klugheit unseres kleinen Professors. Der entschloß sich z. B. dazu, traurig zu sein, obgleich er in Wirklichkeit wütend war, da Wut in seiner Umgebung mit empfindlichen Strafen geahndet wurde. Heutzutage geben die Maschen aber keinen Sinn mehr, es sei denn, der Betreffende setzt die frühere Situation „unbewußt" fort, z. B. durch entsprechende Partnerwahl. Oder er verkennt symbolhaft den Hier-und-jetzt-Zusammenhang, indem er ihn dem ursprünglichen angleicht und somit seine z. B. Traurigkeitsmaske weiterhin ausleben kann. Diese Störung wird dann als (neurotische) Depression bezeichnet, und in meiner psychiatrischen Praxis sind weitaus die meisten Patienten diesem Krankheitsbild zuzuordnen.

2. Wie erkennt man eine Masche?
   a) an dem eben Gesagten, daß sie nämlich mit dem Hier-und-jetzt nichts zu tun hat, sondern an frühere (oder bei der Angst auch an zukünftige) Ereignisse geknüpft ist.
   Eine Masche bedeutet die Einschätzung, die der Betreffende von sich, von anderen Menschen und von der Welt hat. Er möchte mit seiner Masche die Gegenwart manipulieren, oder die Vergangenheit ändern. – Eine Patientin zog sich z. B. immer dann zurück, wenn in der Gruppe Fröhlichkeit oder andere Gefühle der Innigkeit aufkamen, indem sie auf den Fußboden oder an die Decke starrte. Ihr Gesichtsausdruck wirkte abwesend, ihr Körper zusammengesunken. Diese Körperhaltung behielt sie auch bei, als sie daraufhin angesprochen wurde; dabei sagte sie mit leiser, klangloser Stimme, daß sie Angst habe. Dieses Gefühl war den übrigen Gruppenmitgliedern in diesem Augenblick unverständlich. (Die Patientin hat als kleines Mädchen gelernt, daß sie Zuwendung für ängstliches Verhalten erhielt, nicht jedoch für Fröhlichkeit. Folglich konnte sie mit dem „Hier-und-jetzt" nicht um-

gehen und versuchte das durch ihren, der Gegenwart entrückten Phantasieausflug zu umgehen.) – Ihr ER wurde also gefragt, ob sie weiterhin Fröhlichkeit meiden wolle. Als sie dies verneinte, wurde sie aufgefordert, Kontakt aufzunehmen und somit am akuten Gruppengeschehen teilzunehmen. Nach wenigen Minuten hat sie ihre Angstmaske fallengelassen.

b) Masken beinhalten meistens eine Abwertung der eigenen Person oder der anderen; sie kommen also nicht aus der ersten Grundhaltung. Diese Abwertung wird aufrechterhalten durch den allen Masken mehr oder minder anhaftenden Erpressungscharakter, sowie ein kindhaftes magisches Denken: „Wenn ich mich auf diese Weise lange genug schlecht fühle, wird mich kein schlimmeres Schicksal ereilen (wird der Kelch an mir vorübergehen)", oder „wenn ich mich lange schlecht genug fühle, wird schon irgendjemand mir helfen, mich erlösen". – Mit einer Maske möchte also jemand etwas vermeiden oder erreichen. – Frau A. z. B., die nicht nach direkter Zuwendung fragen zu dürfen glaubte, setzt ihre Tränen ein, bis jemand sie tröstet. Ziehen die Tränen nicht, tut es vielleicht ein Selbstmordversuch.

c) Gefühlsmasken beinhalten stets ein stereotyp sich wiederholendes schlechtes Gefühl, das auch bei dem anderen ein unbehagliches Gefühl erzeugt, dessen er (oder beide) sich oft nicht bewußt ist (sind), da das ER (und damit Selbstverantwortung) weitgehend ausgeschaltet ist.

Auf der Maskenebene scheinen die meisten Menschen sich näherzukommen, Beziehungen zu knüpfen, Partnerschaften auszutragen. Die meisten Schlager z. B. besingen Gefühlsmasken wie: Verlassenheit, Alleinsein, Enttäuschung und Abhängigkeit (ohne dich kann ich nicht leben). – Bei solchen Masken von Gefühlsduselei zu reden wäre angebrachter, als das bei der Innigkeit zu tun. Auf der Verdrehung dieser beiden Gefühlswerte beruht ein großer Teil des Leidens in aller Welt.

Masken können aufgegeben werden und werden es auch von Menschen, die Eigenständigkeit (Autonomie) suchen. Ein solcher Wandel geht dann vor sich, wenn der Betreffende seine Maske als solche erkennt, ihren früheren Nutzen (und heutige Nutzlosigkeit) versteht, das durch die Maske verdeckte ursprüngliche Gefühl bei sich jetzt zuläßt, Alternativmöglichkeiten zum Erlangen der lebensnotwendigen Zuwendung ausarbeitet und sich dazu entschließt, diese in der Praxis des Alltages auch zu üben. Damit kann jede Maske entmachtet werden.

Spielanalyse

Um die Dynamik der (Ränke)spiele zu verstehen, gibt es mehrere Möglichkeiten der *Spielanalyse*. Die eine geht von der Beschreibung der einzelnen verdeckten Transaktionen aus.

Abb. 9: Komplementäre Spiele

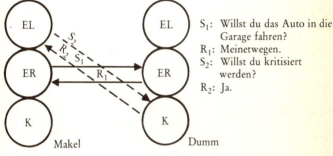

S_1: Willst du das Auto in die Garage fahren?
R_1: Meinetwegen.
S_2: Willst du kritisiert werden?
R_2: Ja.

Abb. 9 zeigt zwei sich ergänzende komplementäre Spieler – in diesem Beispiel „Makel" und „Dumm" als Ehepaar –, deren ER darüber verhandeln, wer das Auto in die Garage fährt (soziale Botschaft). Jedoch Makels EL und Dumms K vereinbaren eine Möglichkeit, die beiden zu schlechten Gefühlen verhilft (verdeckte oder psychologische Botschaft). Dabei wertet der Makel-Spieler den Dumm-Spieler ab, indem er ihm das Vorgeschlagene gar nicht zutraut (nämlich das Auto heil abzustellen). Das Spiel wird offenkundig, wenn die Ich-Zustände gewechselt werden und damit die verdeckte Botschaft klar wird und beide Spieler ihren Nutzeffekt in Form von schlechten Gefühlen erfahren. – Für ein (Ränke)spiel sind insgesamt fünf Schritte notwendig:
1. Jeder Spieler scheint einen ehrlichen Grund für die einleitende Transaktion zu haben, worin der Trick eines richtigen Spiels liegt (soziale Ebene) – M: „Willst du das Auto in die Garage fahren?" D: „Meinetwegen."

2. Insgeheim tauschen beide (mit der verdeckten Transaktion) etwas ganz anderes aus (psychologische Ebene). – M: „Gib mir nur weiterhin so schöne Möglichkeiten, Fehler zu finden, weil ich immer etwas zum Kritisieren haben muß." D: „Keine Angst, dafür sorge ich schon, denn dann ignorierst du mich wenigstens nicht."
3. Die Antwort auf die geheime Botschaft erfolgt prompt. – Dumm macht beim Einfahren einen Kratzer ans Auto (dritte Kommunikationsregel).
4. Schlechte Gefühle treten als „überraschender" Nutzeffekt des Spiels ein. Der Makel beschimpft scheinbar selbstherrlich den Dumm, der sich entsprechend mies und unzulänglich fühlt, und beide sammeln Rabattmarken.
5. Beider EL weiß nichts über die geheime Abmachung noch über den Vorteil und Nutzen, für den sie spielen. (Wenn ein Spieler sich der gedeckten, psychologischen Transaktion bewußt ist, dann manipuliert er den anderen, aber treibt kein Ränkespiel!) Erst nach dem Spiel haben beide Spieler vielleicht eine leise Ahnung darüber, daß sie nicht ganz ehrlich miteinander umgegangen sind, sondern „ein Spielchen getrieben" haben.

Warum will der Makel-Spieler sich wohl so überheblich (grandios) fühlen? Vielleicht um Zweifel an seiner eigenen Fähigkeit zu verbergen. Jedenfals glaubt er, durch seine Überheblichkeit das Abwerten seines Partners rechtfertigen zu können. Und was kann Dumm mit seinen Unzulänglichkeitsrabattmarken anfangen? Sich z. B. am Abend „unwohl fühlen", um Intimität zu vermeiden. – Ohne Intimität (die sie aus irgendwelchen Gründen fürchtet) kann eine Ehe eine fortlaufende Serie von Spielen sein. Paare, die körperliche Berührung nicht mögen, können sehr gut Sex-Spiele treiben, die ohne Sex enden. Frauen, die nach Ausflüchten suchen, um Sex zu vermeiden, können „Frigide Frau" spielen (was gewöhnlich in Aufruhr endet). Männer, die sich ihrer Potenz nicht sicher sind, können spielen „Wenn du nicht wärest ... (würde ich wohl schon mögen)". Menschen, die ihre eigene Anziehungskraft bezweifeln, mögen „Überlastet" spielen, um somit für Sex einfach zu „k. o." zu sein. –

Eine weitere Möglichkeit, Spiele zu analysieren, verdeutlicht das Symbiose-Diagramm (Abb. 10): zwischen einem „Was würdest du ohne mich anfangen"-Spieler (W) und einem „Ich-Ärmster"-Spieler (I).

Abb. 10: Symbiose

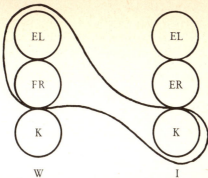

Unter *Symbiose* wird allgemein das Zusammenleben von mindestens zwei verschiedenen Lebewesen zu gegenseitigem Nutzen verstanden. – Aus dem Symbiose-Diagramm geht eindeutig hervor, daß die betreffende Störung aus der Unfähigkeit eines Menschen besteht, eine ganze Persönlichkeit mit drei Ich-Zuständen zu sein ohne die psychologische oder wirkliche Anwesenheit eines anderen Menschen. Weiterhin wird deutlich, daß bei dieser Abhängigkeitsbeziehung nur einem von beiden das Denken (ER) zur Verfügung steht, nur einer von beiden seinen Gefühlen und Bedürfnissen (K) Aufmerksamkeit schenken kann. Oft gibt es in Symbiosen nicht einmal ein ER, sondern die Beziehung ist rein EL-a-K. Auf jeden Fall wird klar, daß durch die Symbiose die Transaktionen derart gestaltet sind, daß sie nicht auf gleicher Ebene liegen. Um die Funktionsuntüchtigkeit der anderen Ich-Zustände zu erhalten, bedarf es seitens des Patienten eines ausgeprägten passiven Verhaltens. Die Symbiose selbst wird durch Abwerten aufrechterhalten, während das Abwerten seinerseits durch Übertreibung (bzw. Grandiosität) gerechtfertigt wird wie bei dem eben geschilderten Makel-Spieler. Um eine Hier-und-jetzt-Situation abzuwerten, muß man sie übertreiben, damit sie der alten Szene gleicht, bei der die ursprüngliche Skript-Entscheidung getroffen wurde. Aber hier sind wir schon auf einem Spezialgebiet.

Jedes Spiel (ebenso jede Masche) beinhaltet eine symbiotische Beziehung und beginnt mit einer Abwertung: W bietet sich als Retter an („Laß mich mal für dich sorgen") und wertet dabei die Gefühle und Bedürfnisse seines K ab (indem er z.B. seine Müdigkeit und sein Bedürfnis, jetzt schlafen zu gehen, unterdrückt), I wertet sowohl die Fähigkeit seines ER ab, die Probleme selber zu lösen, als auch die Bereitschaft seines EL, für sich (I) selber zu sorgen („ja, sorge du für mich"). – Jeder Spieler reagiert auf diese Situation, indem er außer acht läßt, wie er und der andere sich fühlen. Jeder beschäftigt sich nur mit dem, was in seinem eigenen Kopf vor sich geht. – I hat vielleicht eine übermäßig ihn umsorgende Mutter gehabt, so daß ihm nicht erlaubt war, vernünftig zu denken, denn er hatte keine Gelegenheit, sein ER und sein EL zu besetzen und zu entwickeln. Deswegen muß I jetzt von seinem ständigen K aus andere dazu bringen, ihm seine (seit dem Tode seiner Mutter) unerfüllten Wünsche und Bedürfnisse zu befriedigen, ohne sich dabei der Macht seiner beiden anderen ausgeschlossenen Ich-Zustände bewußt zu sein (dadurch verhindert er seine Autonomie). – W hat seine Spielweise in einer ähnlich symbiotischen Eltern-Kind-Beziehung gelernt, z.B. von einem alkoholkranken Elternteil, für den W dauernd sorgen mußte, so daß die Bedürfnisse seines K überhaupt nicht zählten und W bis heute nicht weiß, daß er auch ein K hat. – Das Abwerten kann nur geschehen, wenn ER-Denken vermieden wird und wirkliche K-Bedürfnisse oder Gefühle unbeachtet bleiben. Abwerten ist also Ausdruck einer Trübung oder eines Ausschlusses. Denn derjenige, der einen anderen abwertet, glaubt (oder handelt so, als ob er glaubt), daß seine Meinung und Gefühle über das, was der andere gesagt, getan oder gefühlt hat, weitaus bedeutender sind als das, was der andere wirklich gesagt, getan oder gefühlt hat. – *Jeder* Mensch kann das Abwerten anderer einstellen und (Ränke)spiele verweigern, indem er die Bedürfnisse und Gefühle seines eigenen K anerkennt und, um diese zu befriedigen, entsprechend vernünftige Möglichkeiten wählt!

Schließlich bietet sich das Drama-Dreieck (Abb. 8) als dritte Möglichkeit an, Spiele zu verstehen. (Ränke)spieler werten den Mitspieler ab, indem sie die Rolle des Verfolgers, Retters oder Opfers einnehmen. Jeder Spieler kennt die drei Rollen, und kann von einer Rolle zur andern wechseln, während das Spiel fortläuft oder während er von einem Spiel zum andern übergeht. Viele Spieler halten jedoch ihre Lieblingsrolle die meiste Zeit inne. Charakteristisch für ein Spiel ist, daß wenigstens ein Spieler die Rolle wechselt und dadurch jedem Spieler negative Zuwendung in Form des Nutzeffektes zukommen läßt.

Im folgenden sind einige Spiele nach den Rollen des Drama-Dreiecks geordnet:

Verfolger: Hab ich dich endlich, du Schweinehund – Makel – Gerichtssaal – Aufruhr – Sieh, was du angerichtet hast – Verführung.

Retter: Ich versuche dir doch nur zu helfen – Was würdest du ohne mich anfangen – Ja, aber.
Opfer: Tritt mich – Dumm – Hölzernes Bein – Ich Ärmste(r) – Verführung – Alkoholiker – Süchtig.

Der Verlauf eines Spieles wird in der Spielformel beschrieben: Trick + wunder Punkt = Antwort→Wechsel→Bluff→Nutzeffekt. Dabei ist „Trick" M's Wunsch zu spielen, und er wertet dafür D ab. – Daraufhin wertet sich D selber ab und findet dabei seine „wunde Stelle" mit der er in M's Trick einhakt. – Als Antwort folgen einige soziale Botschaften. – Irgendwann „wechselt" wenigstens einer seine Rolle, und die verdeckte Botschaft ist offenkundig, wodurch beide zunächst verwirrt sind = „Bluff". – Als „Nutzeffekt" erfahren beide schließlich ihre schlechten Gefühle.

Spiele versehen dich mit wichtiger Zuwendung. Und Verhaltensmuster, durch die du dein ganzes Leben lang Zuwendung erhalten hast, gibst du natürlich nicht so einfach auf. – Doch wenn du mit deinem ER erkennst, wie Spiele ablaufen, daß sie dein Skript unterhalten und dir nur schlechte Zuwendung einbringen, dann kannst du lernen, den Nutzeffekt bzw. deine Gefühlsmaschen zu vermeiden. Statt dessen kannst du die Empfindungen und Wünsche deines f-K kennenlernen und auf direktem Weg befriedigen – wenn du willst. Am besten wird dir das gelingen, wenn du deine für dein seelisches Wohlergehen so grundlegend wichtigen Wünsche und Bedürfnisse deines f-K nicht mehr abwertest wie bisher, sondern sie – und damit dich selber – bejahst. – Du kannst wählen! – Du allein bist verantwortlich dafür, wie du dich fühlst – in jedem Augenblick.

Nachträglich soll noch der Zusammenhang von Abwerten (discount) und Passivität erklärt werden:

Wenn ein Baby schreit, werden vernünftige Eltern sein Problem in der Regel erkennen und lösen können. Anstatt auf diese äußere Realität zu reagieren, beachten viele Eltern das Kind nicht, da sie auf ihre eigene innere Welt von Gefühlen und Vorurteilen hören. Es geht vier Grade des Abwertens, bzw. Nicht-Beachtens:

1. Das *Problem*. Die Eltern überhören das schreiende Kind einfach. Das ist die totale Form des Nicht-Beachtens.
2. Den Grad oder die *Wichtigkeit* des Problems. Die Eltern hören das Schreien, sagen aber, daß es das zu dieser Zeit immer macht. Sie nehmen wenigstens Kenntnis von seiner Existenz.
3. Die *Lösbarkeit* des Problems. Eltern sagen, was immer sie auch tun, das Kind läßt sich nicht beruhigen. Sie kümmern sich zwar um das Kind, sind aber *uneffektiv*.
4. Sich *selbst*. Die Eltern fühlen sich unfähig, etwas für das Kind zu

tun ("Da kann man nichts machen"). Vielleicht können sie wenigstens fremde Hilfe holen.

Um in einer dieser vier Formen abwerten zu können, müssen diese Eltern von einem getrübten oder falsch informierten ER ausgehen, oder sie schließen ihr ER völlig aus und besetzen ein hilfloses EL oder K.

Wird das schreiende Kind also nicht beachtet, selbst wenn es zunächst noch lauter schreit, kann es schließlich die Entscheidung treffen, seine Gefühle nicht mehr wahrzunehmen, sich anzupassen und aufzuhören zu schreien. Eltern können dann sagen: "Sieh, sie ist ganz von alleine ruhig geworden, war also nichts!" Das Kind wird sich nicht mehr melden, d. h. es wird passiv. Im Extremfall wird es sich auch nicht mehr melden, wenn es Hunger hat.

Es gibt vier Arten des passiven Verhaltens. Keine davon beinhaltet das Durchdenken eines Problems mit allen drei Ich-Zuständen bis zu einer Lösung.

1. *Nichts Tun:* Ich sitze da und schaue einfältig: "es gibt andere Leute, die Verantwortung übernehmen werden."
2. *Überanpassung:* Ich möchte es allen recht machen, da ich die andern als wesentlich wichtiger ansehe als mich. Deswegen halte ich mich auch für deren Befinden verantwortlich; z. B. Ich möchte von X gestreichelt werden, fantasiere aber, X mag das nicht; also frage ich gar nicht erst.
3. *Umtriebigkeit* (Agitation). Hierbei wird die Energie dem Denken und Fühlen entzogen und für sinnlose Aktivitäten benutzt, z. B. Rauchen, unaufhörliches Schwätzen, "nervöses" Hin- und Herlaufen, Nägelkauen, Haare raufen oder ausreißen sowie die stereotypen Schaukelbewegungen bei autistischen Kindern.
4. Zu *Starre oder Gewalt* kommt es, wenn die in den drei passiven Verhaltensformen angestaute Energie freigesetzt wird. Hier wird die Symbiose bestärkt, da die Umwelt sich um den Betreffenden zu kümmern beginnt, der die Verantwortung für sein Handeln verweigert. Hierzu gehören: Katatonie (eine Form der Schizophrenie, in der sich der Patient über Stunden oder Tage wie versteinert gibt), "Hungerstreik", "krank werden", "in Ohnmacht fallen", "verrückt werden", jemanden angreifen.

Passives Verhalten ablegen und Verantwortung für sein Denken, Handeln und Fühlen übernehmen ist ein wichtiger Schritt auf dem Weg zum Gewinner: "Viele Menschen wissen, daß sie unglücklich sind, aber noch mehr Menschen wissen nicht, daß sie glücklich sein könnten." (Albert Schweitzer)

Lebensmanuskript (life-script)

So wie ein Schauspieler einen Charakter getreu seinem Manuskript oder Drehbuch interpretiert, so gestalten auch wir unseren Lebensablauf in einer Art Drama nach unserem eigenen Lebensmanuskript. In TA verstehen wir hierunter ein fortlaufendes Programm, das auf Entscheidungen aus der frühen Kindheit beruht, durch die Eltern (bzw. deren Vertreter) geprägt und gefestigt wird, und das schließlich die Verhaltensweisen des Individuums in den entscheidenden Augenblicken seines Lebens bestimmt.

Wie entsteht nun ein solches Lebensmanuskript (abgekürzt: Skript), das ein jeder von uns hat?

Um das an Hand der Skript-Matrix (s. Abb. 12) verdeutlichen und besser verstehen zu können, wollen wir zunächst auf die (oft als so kompliziert angesehene) Strukturanalyse zweiter Ordnung eingehen [10, 11]: Bei der Geburt besteht lediglich das natürliche, freie K (K_1 in K_2) mit seinen angeborenen Bedürfnissen und Gefühlen (Abb. 11). Von hier aus werden Wünsche und Gefühle des Individuums auch geäußert. Mit fortschreitendem Wachstum erhält das Individuum eigene Erfahrungswerte darüber, wie es spontan gefühlsmäßig auf das reagiert, was um es herum und mit ihm geschieht. Etwa im dritten Monat scheint das Kind zu beginnen, mit einem gewissen Denkvorgang auf seine Außenwelt zu reagieren. Dieses erste, ursprüngliche, oft „unlogische" Denken nennen wir ER_1 im K_2 oder „Kleiner Professor", und es besteht hauptsächlich aus unmittelbarer Erkenntnis (Intuition). Irgendwie „weiß" das Kind, wie die es umgebenden wichtigen Personen sich fühlen und wie sie zu ihm stehen, und es reagiert spontan darauf. Vor allem aber findet sich in diesem ER_1 (auch durch das gesamte spätere Leben hindurch) die Quelle schöpferischen Denkens. Diese natürlichen Eigenschaften bleiben auch dem weiterwachsenden Individuum erhalten, wenn sie nicht durch Eltern-Figuren unterdrückt werden, die sich darüber entrüsten, daß das Kind plötzlich völlig eigene „Ideen" zeigt (z.B. nicht brav im Bettchen liegenbleibt, sondern neugierig auf dem

Boden umherkrabbelt, allen möglichen Schmutz in den Mund steckt oder erreichbare Gegenstände herunterreißt). – Auf alle Vorkommnisse in seinem jungen Leben reagiert das heranwachsende Kind mit vielen Gefühlen und Gedanken. Aus diesen heraus trifft es schließlich eigene Entscheidungen darüber, wie es am besten mit den Eltern, von denen es ja abhängig ist, auskommen kann. Diese Entscheidungen bilden die Basis für Verhaltensweisen und Gefühle, die sich durch ständige Wiederholungen einfahren und damit automatisiert werden können.

Der aus diesen Entscheidungen und Reaktionsweisen resultierende Ich-Zustand ist das EL_1 im K_2. Es ist weitgehend identisch mit dem uns bereits bekannten „angepaßten K". Wegen seines oft elektrisierenden Anspringens wird es auch *Elektrode* genannt. Wir werden noch sehen, wie diese Elektrode unser späteres Leben blitzartig zu beeinflussen vermag. Zum Beispiel wir gehen scheinbar unbekümmert irgendeiner Beschäftigung nach, und plötzlich verspüren wir Magendrücken, Herzklopfen, Schuldgefühl oder Depressionen und wissen gar nicht warum.

Unser beschriebenes Individuum ist mittlerweile zu einem Kind von vier oder fünf Jahren herangewachsen und fühlt, denkt und handelt recht gut in seinen drei Ich-Zuständen EL_1, ER_1 und K_1. Wir sehen es in seinem EL_1 seinen kleinen Bruder oder seine Puppen ausschimpfen und mit ihnen schmusen, so wie es das seiner Mutter abgeschaut hat, von seinem ER aus stellt es recht komplizierte Fragen: „Mutti, wie bin ich in deinen Bauch reingekommen?", und in seinem K_1 benimmt es sich wie vor vier Jahren, steckt den dicken Zeh in den Mund, brüllt vor Wut oder Schmerz und spricht Babysprache. – Zu diesem Zeitpunkt ist das Mädchen aber noch nicht in der Lage, für sein eigenes Auskommen zu sorgen oder selber Kinder aufzuziehen. Ihm fehlt also noch der ER-Komputer ER_2 und sein EL_2; diese Ich-Zustände, die einen erwachsenen Menschen von einem Kind unterscheiden, sind etwa mit Beginn der Pubertät mehr oder minder voll entwickelt. – Sehen wir das Mädchen zwanzig oder dreißig Jahre später, dann ist es selber Mutter und erzieht seine Kinder, stillt sein Baby (EL_2), teilt sein Wirtschaftsgeld ein, wäscht, bügelt, kocht, liest und ist in der Gemeindepolitik tätig (ER_2), tüftelt Neuheiten für die Wohnung aus, zankt oder schmust mit seinem Mann (K_2).

Bei dieser erwachsenen Frau ist nun wichtig, ihr EL_2 von dem EL_1 im K_2 zu unterscheiden. Oberflächlich scheinen beide Ich-Zustände sehr viel Gemeinsames zu haben. Bei genauerem Prüfen wird der Unterschied klarer: EL_1 ist ein kleines Mädchen, das *wie* seine Mutter handelt, während EL₂ wirklich eine Mutter *ist*. EL₁ möchte wie Mutter sein und ahmt sie (oft wörtlich) nach („für dich ist es jetzt Zeit, ins Bett zu gehen"; „ich habe dir schon hundertmal gesagt" ...) und holt sich dann bei der leiblichen Mutter Rückversicherung und Bestätigung (habe ich das so gut gemacht, was meinst du dazu ...?). Wird dieses EL₁ in der Therapie konfrontiert, so bricht es infolgedessen bald zusammen. Wird hingegen das autonome EL₂ angesprochen, so kann dieses sehr viel Gutes für uns tun, wenn wir wollen. Dem EL₁ kommt in der Skript-Entwicklung die „wichtige" Aufgabe der Übermittlung von kritiklos übernommenen Botschaften (= Einschärfungen) von einer Generation auf die andere Generation zu.

Abb. 11: Strukturanalyse zweiter Ordnung einer 35jährigen Frau

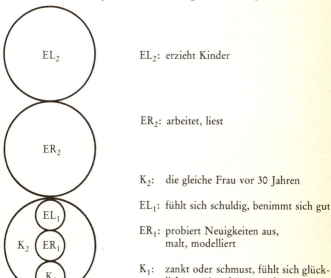

EL₂: erzieht Kinder

ER₂: arbeitet, liest

K₂: die gleiche Frau vor 30 Jahren

EL₁: fühlt sich schuldig, benimmt sich gut

ER₁: probiert Neuigkeiten aus, malt, modelliert

K₁: zankt oder schmust, fühlt sich glücklich, traurig oder wütend.

Überhaupt ist am Entstehen unseres Skripts unser K₂ maßgeblich beteiligt; denn unser EL₂ und ER₂ sind bis zu unserem 10./12. Lebensjahr noch nicht voll entwickelt. Folglich ist ein kleines Kind elterlichen Einflüssen gegenüber völlig ungeschützt und hilflos (und sieht seine Eltern in der Tat als wahre Götter an), a) weil es, verglichen mit seinen Eltern, sehr schwach ist, b) hat es noch kein ausgeformtes ER (ER₂), das ihm verstehen helfen könnte, was eigentlich in seinem jungen Leben vor sich geht, c) es erhält wenig Information darüber von anderer Seite, d) es hat noch nicht die freie Wahl, von zu Hause wegzuziehen, um sich einen besseren Platz zum Leben auszusuchen. Diese Faktoren tragen erheblich zu der so überaus mächtigen Wirkung der elterlichen Botschaften bei. – Ein weiterer sehr wichtiger Faktor für die Entstehung unseres Skripts ist die Art des Austausches von Zuwendung zwischen Eltern und Kind.

Die geringste Zuwendung (*eine* positive Streicheleinheit) erhält das Kind, wenn das ER seiner Eltern sachlich für seine körperlichen Bedürfnisse sorgt. Kommt jedoch die Fürsorge vom n-EL der Eltern mit Wärme und Liebe, dann empfindet das Kind sie bereits als fünfzig positive Einheiten an Zuwendung, und wenn schließlich das f-K der Eltern mit dem Kind spielt und Spaß hat, mag das bereits als hundertmal intensivere Zuwendung aufgenommen werden. – Ein kritisches EL, das seinen Zorn über eine von dem Kind mißachtete Regel an dem Kind ausläßt, kann schon als 200 negative Einheiten erfahren werden. Sind die Eltern schließlich außer sich vor Wut und mißhandeln von ihrem a-K aus das Kind und brüllen es dabei mit allen ihnen zur Verfügung stehenden Kraftausdrücken und Vernichtungswünschen an: „Wärest du bloß nie geboren", „wärest du bloß tot," dann erhält das Kind peitschenhiebartig 1000 negative Einheiten. – Hiermit wird eine allgemeine Tatsache verdeutlicht, daß wir Menschen nicht so intensiv lieben, wie wir hassen, so daß ein kurzer Augenblick des Hasses Stunden der innigen, liebenden Zuwendung überschatten kann. Darum sind diese negativen Botschaften der Eltern an das Kleinkind ganz besonders mächtig.

Diese als *Einschärfungen* (injunctions) bezeichneten Botschaften mit ihrem Verbotscharakter bilden die Grundlage für ein bestimmtes Skript. Je mehr Einschärfungen ein Kleinkind erhält, desto fataler wird sein Skript, es sei denn, eine andere für das Kind wichtige Bezugsperson gibt dem Kind Erlaubnis, nicht auf diesen Unsinn (z. B. seiner Mutter) zu hören. Unglücklicherweise werden jedoch die Einschärfungen eines Elternteils durch die des andern Elternteils bestärkt, da zwei Menschen, die beschlossen haben, miteinander zu leben, ihrerseits von sich ergänzenden Skripts beherrscht werden. – Um aber leben zu können, muß jedes Kind auch einige positive Botschaften erhalten. Wird solche positive Zuwendung bedingungslos gegeben (z. B. Ich liebe dich), dann wirkt sie als *Erlaubnis* für das Kind, sich selbst frei zu entfalten. Aus jeder *vorenthaltenen* Erlaubnis folgt eine entsprechende Einschärfung:

1. Die erste Erlaubnis, die ein Neugeborenes braucht, ist, daß es überhaupt erst einmal sein, leben und in diese Welt gehören darf. Spätestens zum Zeitpunkt der Geburt erhält das Baby Botschaften

(meistens ohne Worte) von seinen Eltern, ob diese es wirklich um sich haben wollen, ob es also ein Wunschkind ist. Wird es aber unbeachtet gelassen, mechanisch-oberflächlich versorgt oder gar mit Ekel, Wut und Verachtung behandelt, dann ist dem Baby die Erlaubnis zu leben versagt, statt dessen erhält es die Einschärfung: „*Sei nicht!*" – Die fundamentale Lebenserlaubnis erhält ein Kind im ersten Lebensjahr, jedoch die „Sei-nicht"-Einschärfung kann später bis hin zur Pubertät (solange also das ER_2 noch nicht voll ausgebildet ist) gegeben werden. („Hau ab! In meinem Haus hast du nichts mehr zu suchen!" oder „Ich wünschte, du wärest nie geboren" oder „Wie gut hätte ich es, wenn du nicht wärest, denn dann hätte ich studieren können und nicht diesen blöden Mann heiraten müssen, hätte ich keine Krampfadern usw., usw. ...") Ein Kind, das diese Botschaften zu hören oder noch deutlicher zu fühlen bekommt, hat nicht die Erlaubnis zu leben und dadurch keine seelische Grundlage, von der aus es erfolgreich seine Probleme angehen kann. Es mag sich z.B. im späteren Leben ernsthaft bemühen, sich selbst zu behaupten oder mit anderen Menschen Kontakt aufzunehmen, mit einer Sei-nicht-Einschärfung wird es jedoch krampfhaft seiner Umgebung zu „beweisen" suchen, daß es ja in Wirklichkeit gar nicht existieren sollte. In der Therapie muß daher nach dem Fehlen der grundlegenden Erlaubnis zu leben besonders gründlich gesucht werden, gerade bei Leuten, die depressiv sind, sich in der Therapie nicht ändern, sehr oft in Unfälle verwickelt sind oder unter schweren psychosomatischen Krankheiten (z.B. Magengeschwür, Bluthochdruck, Asthma, Herzinfarkt usw.) und Suchtkrankheiten leiden. (Siehe auch Beispiel Herr H.)

2. Mit der Erlaubnis, „Du selber zu sein", weiß ein Kind mit etwa drei Jahren, ob es Junge oder Mädchen ist, braune oder blaue Augen hat und ob es so seine Richtigkeit hat oder nicht. Mädchen erhalten oft eine „*Sei nicht du*"-Einschärfung, wenn sie anstelle des langerwarteten Stammhalters und Familienerbens zur großen Enttäuschung der gesamten Familie auf die Welt gekommen sind. Oder ein Junge wird als Mädchen angezogen und erzogen, da er seine Mutter z.B. zu sehr an ihren geschiedenen Mann erinnert, er erhält somit ebenfalls eine „Sei nicht du"-Einschärfung. Menschen, die nicht in ihren Eigenschaften bestätigt werden, entwickeln sehr schnell Gefühlsmaschen, wie Verwirrung („ich bin immer so durcheinander"), Unterlegenheit, Selbstunsicherheit oder Depression, wie wir z.B. an Homosexuellen und Transvestiten manchmal erkennen können.

3. Die Erlaubnis, seinem Alter entsprechend leben zu dürfen, ist

nicht für jedes Kind selbstverständlich. Eltern, die Säuglinge (= „Windelscheißer") nicht mögen oder wünschen, daß ihre Kinder ihnen nicht mehr „auf der Tasche liegen" (sondern sich bald selbst und vielleicht auch noch die Eltern versorgen), geben dem Kleinkind die Einschärfung: *„Sei kein Kind."* Später als Erwachsene klagen solche Leute oft, daß sie nie eine richtige Kindheit hatten, nie spielen durften und daß sie sich heute kaum einmal freuen, nichts so recht genießen können und als humorlos, trocken und gefühllos gelten. Sie haben eben ihr K ausgeschlossen. – Andere Kinder erhalten die Einschärfung: *„Sei nicht erwachsen"*, da ihre Eltern es nicht ertragen können, wenn die Kinder selbständig werden oder gar das Haus verlassen würden. Hier sehen wir später z.B. das dreißigjährige „Mamasöhnchen", dem die Mutter noch jeden Morgen die Wäsche hinlegt („Woher soll der Junge denn wissen, was er anziehen soll, ich weiß am besten, was gut für ihn ist").

4. Jedes Kind braucht die Erlaubnis, sich körperlich und gefühlsmäßig an andere Menschen (besonders ihm nahestehende) schmiegen zu dürfen. Wenn Eltern aber abweisend sind und ihnen körperliche Berührung unangenehm oder gar lästig ist, erhalten die Kinder oft die Einschärfung: *„Komm mir nicht zu nahe."* Diese Botschaft geben Eltern unausgesprochen (nonverbal) ihren Kindern, wenn sie den ganzen Tag „hart arbeiten" und eigentlich nie oder höchst selten zu Hause sind. Oft wird aber auch in deutlichen Worten den Kindern gesagt, daß es gefährlich ist, sich Personen des gleichen oder des andern Geschlechts zu nähern. In dieser Richtung wäre nachzufragen, wenn Ehepartner klagen: „Ich kann es einfach nicht ertragen, wenn er/sie mich dauernd anfassen will oder zu mir ins Bett kommt..."

5. Jedes Kind braucht die Erlaubnis, fühlen zu dürfen, was es wirklich fühlt: Freude, Trauer, Angst oder Wut. Werden diese Gefühle aber von den Eltern mißbilligt, lernt das Kind bald, nur das zu fühlen, was von ihm erwartet wird. Es befolgt die Einschärfung: *„Fühle nicht"*, indem es seine ursprünglichen Gefühle durch Gefühlsmaschen ersetzt (siehe voriges Kapitel).

6. Die Erlaubnis zu denken braucht jedes Kind vom dritten Monat an, wenn der „Kleine Professor" sich bemerkbar zu machen beginnt. Jedes natürliche Kind stellt unermüdlich Fragen. Werden diese nicht vernünftig beantwortet und werden zugleich die Handlungen, Reaktionen und Entscheidungen des jungen Menschen mißbilligt, dann wird ihm damit eingeschärft: *„Denke nicht!"* – Später erkennen wir diese Einschärfungen an Äußerungen, wie: „Ich weiß nicht" oder: „Ich kann heute gar nicht richtig denken." Sie plappern

gedankenlos alles nach, werden zu Opfern der Werbemanager und bilden durch ihr Mitläufertum eine Gefahr für die Demokratie.

7. Erlaubnis, Erfolg zu haben, ist für jeden Heranwachsenden notwendig. Die Einschärfung *„Schaff es nicht"* erhält er von den Eltern, wenn diese befürchten, ihre Kinder könnten eines Tages erfolgreicher als sie sein, weil das ihnen ihr eigenes Versagen klar vor Augen führen würde. Die Einschärfung kann umfassend aufgenommen werden („Versager auf der ganzen Linie") oder nur auf bestimmte Gebiete begrenzt bleibend (Beruf, Sport, Sex, Eheleben).

8. Die Erlaubnis, gesund zu sein, sollte eigentlich das natürlichste in der Kindererziehung sein. Doch überängstliche Mütter laufen wegen jedem kleinen Wehwehchen zum Arzt. Aus diesen *„Sei nicht gesund"*-Menschen kann der Hypochonder hervorgehen, dem angst und bange wird, wenn er einmal einen Tag erleben muß, ohne ein Krankheitssymptom an sich feststellen zu können (wie Molières Eingebildeter Kranker). Die gleiche Einschärfung erhalten Kinder hinsichtlich ihrer geistigen Gesundheit, wenn sie laufend Botschaften erhalten wie: „du spinnst, du bist verrückt, bei dir stimmt etwas nicht" oder täglich in hochgradig gestörte Verhaltensweisen gepreßt werden. –

Die Einschärfungen ließen sich wohl noch weiter aufzählen, jedoch scheinen nach den bisherigen praktischen Erfahrungen diese acht aufgeführten die wichtigsten zu sein. Sie werden in den seltensten Fällen wörtlich ausgesprochen, vielmehr werden sie von dem Kind aus den wortlosen Handlungen, Blicken und vor allem der Mimik seiner Eltern ihm gegenüber erschlossen.

Eine andere wichtige Einschärfung ist die Gleichsetzung mit einer anderen Person (Identifikation). Wenn die Mutter zu ihrem Sohn sagt: „Du bist genau wie dein Onkel", dann werden die Eigenheiten dieses Onkels in einer großen Einschärfung (die mehrere oder alle eben aufgeführten enthalten mag) auf den Sohn übertragen. Wenn dieser Onkel mit 35 Jahren am Alkoholdelir stirbt, kann der Sohn diese Tatsache in sein Lebensskript einbauen und nachvollziehen. Wenn jedoch sein Vater findet: „Nein, also mit diesem Onkel hast du nichts gemeinsam", kann der Sohn dies als Erlaubnis verwerten, die mütterliche große Einschärfung nicht befolgen zu müssen.

Einschärfungen können von jeder beliebigen Person gegeben werden. Je mächtiger und wichtiger diese dem Kind erscheint und je öfter sich die an die Einschärfung geknüpfte gefühlsmäßige Erfahrung wiederholt, desto wirkungsvoller wird diese Einschärfung als treibende Kraft das Skript des Kindes gestalten und damit sein späteres Leben beherrschen:

Herr H., ein 39jähriger Verwaltungsangestellter, wurde mir überwiesen, nachdem er von seiner Arbeitsstelle entlassen worden war und sich daraufhin hatte umbringen wollen. Bereits vor zwei und drei Jahren wurde er nach einem Selbstmordversuch gegen seinen Willen „gewaltsam ins Leben zurückgeholt". Seine Arbeitskollegen und Vorgesetzten hatten sich rührend um ihn bemüht, ihm immer wieder eine Chance gegeben, wenn er seine Arbeit aus mancherlei Gründen mürrisch und schlecht ausgeführt hatte. Seit Jahren war er nicht befördert worden, reagierte aber voller Neid und Mißgunst auf die Karriere der anderen. Und selbst auf innerbetrieblichen Festen, auf die sich alle Teilnehmer freuten, war er nur mit Zureden zu halten. Lachend wurde er nie gesehen, sondern die heitersten Stunden verstand er, sich und den anderen zu vermiesen, notfalls durch Fantasien über Atombomben und „entsetzliche politische Lagen". Als daraufhin einem Arbeitskollegen schließlich der Kragen platzte und er ihn sanft, aber bestimmt hinausbeförderte, folgte prompt ein Selbstmordversuch. – Nach seiner Kindheit befragt, stellte diese sich beinahe als das Spiegelbild seines jetzigen Lebens dar: Er war geboren worden, als seine Mutter noch nicht verheiratet war. Bei der Geburt hatte er bereits neben der Lendenwirbelsäule eine unerklärliche Narbe. Auf Befragen gab die Mutter an, sie habe ihn im vierten Schwangerschaftsmonat mit einem spitzen Gegenstand abtreiben wollen, was „leider mißglückt" sei. – Er habe seine Eltern nie lachen gesehen, sondern sie hauptsächlich verärgert und unzufrieden erlebt. Ihm wurde auch die Schuld an seinem zwei Jahre jüngeren Bruder, der als Körperbehinderter entstellt ist, angelastet. Denn hätte seine Mutter seinetwegen nicht heiraten müssen, wäre der Krüppel nie geboren worden und sie brauchte sich nicht so zu schinden. – Daß Herrn H. mit dem Geschilderten eine Sei-nicht-Botschaft eingeschärft wurde, kann wohl niemand bezweifeln.

Natürlich muß Herr H. auch irgendwann einmal positive Botschaften über sich selbst erfahren haben, sonst hätte er nicht überleben können, und wenn es nur die gesetzlich vorgeschriebenen „Versorgungspflichten" der Eltern ihren Kindern gegenüber waren.

Wieweit die Einschärfungen späterhin wirksam und somit zum Skript werden, hängt nicht zuletzt von der Entscheidung des Kindes ab, sich ihnen zu beugen. Diese *Skript-Entscheidung* kommt wahrscheinlich auf folgende Weise zustande: Das K im K (also K_1) reagiert gefühlsmäßig auf die elterlichen Einschärfungen mit Nicht-o.k.-Gefühlen: Es fühlt sich unglücklich und empfindet oft körperliche und seelische Schmerzen. Es spürt aber auch sehr schnell, daß, wenn es diese (negative) Zuwendung nicht erhält, es sich eben einsam fühlt. Und Alleingelassenwerden ist ja noch viel schmerzhafter! Der Kleine Professor ER_1 knobelt dann heraus, worin seiner Meinung nach der beste Weg besteht, Zuwendung zu erhalten, so daß er nicht verworfen wird oder gar sterben muß. ER_1 kann aber noch nicht recht zwischen positiver und negativer Zuwendung unterscheiden, insbesondere wenn er positive gar nicht kennt! Folglich setzt er (entsprechend dem K_1-Gefühl) negative Zuwendung (z.B. Strafe) *gleich* positive Zuwendung (z.B. geliebt sprich: beachtet werden), wohingegen er Einsamkeit als wirklich unerträgliche, mit dem Leben nicht vereinbare Strafe ansieht. Er muß sich also zwischen den Alternativen negative Zuwendung oder Isolation entscheiden. Um wenigstens die lebensnotwendige negative Zuwendung für sein K_1 zu bekommen, klügelt er sich sehr komplizierte Manöver aus, um andere Menschen dahin zu manipulieren, sich ihm gegenüber irgendwie negativ zu äußern und damit seine Entscheidung zu bestätigen (diese Transaktionen haben wir als Ränkespiele kennengelernt, und wir wissen jetzt, warum sie immer mit schlechten Gefühlen enden). Schließlich erhält der Kleine Professor noch die Erlaubnis und Unterstützung von EL_1, diesen Plan auch auszuführen. Indem es sich also in die Abhängigkeit anderer Menschen begibt, hat das Individuum K_2 endgültig seine Selbständigkeit (Autonomie) aufgegeben. – In dem jungen Menschen K_2 arbeiten also EL_1, ER_1 und K_1 Hand in Hand im Einklang und bestärken somit das Skript von Tag zu Tag mehr, bis es sich derart zur Selbstverständlichkeit eingeschliffen hat, daß es selbst dem erwachsenen Menschen später sehr schwerfällt einzusehen, welchem Trugschluß sein K_2 damals zum Opfer gefallen ist.

Wie die ganze Tragik, die hinter solch einem Verliererskript steckt, sich in dem späteren Leben widerspiegelt, hat uns Herr H. gezeigt, der sich mit allen Menschen anlegte und sie damit zwang, ihm negative Zuwendung zu geben, was er wiederum als Beweis für seine „Ich tauge nichts"-Skripthaltung und seine Nicht-o.k.-Gefühle auswertete.

Wie sehr in der Kindheit erlernte Erpressungsmanöver später als sogenanntes Fehlverhalten die engeren zwischenmenschlichen Beziehungen zu stören vermögen, zeigt neben Herrn H. auch Frau I., deren Mann eines Tages hilflos und verzweifelt anrief: „Ich weiß nicht mehr, was ich tun soll, meine Frau erpreßt mich ständig, würde ich mich wehren, müßten die Kinder leiden..." Im persönlichen Gespräch mit Herrn und Frau I. wurde einiges klarer: Sie ist eine attraktive und anspruchsvolle Frau. Ihre fünfjährige Ehe hat ihn schon sehr viel Mühe gekostet, während sie ihre Forderungen ständig höher schraubt. Will sie einen Mantel, ein Kleid oder einen Hut, so äußert sie zunächst ihre Wünsche, stößt dabei aber bei ihrem Mann auf ablehnende Haltung: „Was willst du denn mit all den Sachen, dein Kleiderschrank bricht ohnehin bald auseinander." Und schon entsteht ein Ehegefecht, indem sie trotzig mit dem Fuß stampft und losheult: „Ich will aber ... nie kriege ich, was ich will." Dann schmollt sie tagelang, bis er z. B. zu ihr ins Bett will, dann hat sie natürlich ihren Triumph, und er muß ihr das Verlangte versprechen. Die aktuelle Krise besteht nur noch in einer Steigerung dieses Verhaltens. – Auf die Frage, für wen solches Verhalten charakteristisch sein könnte, antwortet Frau I. prompt: „Für ein kleines ungezogenes Kind". Ob sie sich dabei als erwachsene Frau wohl fühle, verneint sie entschieden. – Ob sie als kleines Mädchen auf diese Weise ihren Willen durchgesetzt hat, beantwortet sie mit einer ihr plötzlich aufleuchtenden Idee: „Ja, genau, das ist es: Ich erinnere mich deutlich, wenn meine Eltern mit mir spazierengingen, unterhielten die sich und kümmerten sich kaum um mich. Ich trabte dann so alleine hinterher. Wenn mir das zu dumm vorkam, rief ich, daß mein Vater mich tragen sollte. Der meinte aber nur, daß ich erstmal ein Stück alleine laufen solle. Ich hatte aber keine Lust. Wenn ich mir das jetzt so recht besehe, war ich eigentlich ganz gerne draußen, nur ich wollte wohl, daß meine Eltern sich mehr um mich kümmerten. Ja, so muß es wohl gewesen sein, denn nach einer Weile wurde ich quengelig, und schließlich blieb ich einfach trotzig stehen, schmollte und plärrte so lange, bis Vater mich holen kam und auf den Arm nahm. Ja, der kam jedesmal, auch wenn er böse war, und Mutter schimpfte, daß es jedesmal dasselbe mit mir sei ... Ja, richtig, die hat es mir ja direkt gesagt, daß es jedesmal dasselbe mit mir ist, d. h., ich brauchte nur immer dasselbe zu machen, nämlich zu trotzen, so lange, bis ich das hatte, was ich wollte ..." Ohne wesentliche Einwirkung von außen hat Frau I. diese Selbsterkenntnis gewonnen, daß sie bis heute mit einer Trotzmasche ihren Willen erzwang, die sie als kleines Mädchen gelernt und mit magischen Kräften versehen hatte: „Wenn ich nur lange genug trotzig bin, dann ... bekomme ich schon, was ich will ..." – Bei anderen mag der gleiche Satz lauten: „Wenn ich nur lange genug depressiv, wütend, verärgert bin oder nur lange genug Schuldgefühle, Minderwertigkeitsgefühle etc. ... habe, dann ..." Diese Einstellung bzw. Skriptentscheidung deutlich herauszuarbeiten ist eine wichtige Aufgabe in der TA. Diese wird vom Patienten natürlich nie wörtlich dargeboten, sondern sie muß regelrecht aus ihm „herausgekitzelt" werden, damit ihm sein Teufelskreis, in dem sich Skript und Gefühlsmaschen bzw. Ränkespiele gegenseitig verstärken, klar wird. Mit einem gesunden Menschenverstand ER kann er dann die Therapie bereits als Konsequenz selber einsehen und ableiten: Übernimm die Verantwortung für dich selber, äußere deine Bedürfnisse, und finde einen geraden Weg, sie zu erfüllen, *ohne* deine Mitmenschen zu erpressen.

Frau I. kam nur noch zu drei Stunden, in denen sie mit ihrem Mann vernünftige Alternativen für ihr Kind-Verhalten ausarbeitete und sie dann eintrainierte, so daß auch ihr K seine Bedürfnisse befriedigt erhielt, ohne daß sie oder ihr Mann sich danach schlecht fühlten. – „Warum kommt man nicht eher auf so eine Idee! Aber ich bin froh, es noch früh genug erkannt zu haben, und es geht mir jetzt auch viel besser", sagte Frau I. beim Abschied, und ich muß sagen, sie wirkte auf mich wesentlich gelöster und selbstsicherer.

Nicht immer stellt sich Einsicht und Erfolg so schnell ein. Herr H. blieb noch über Monate hin einer eingreifenden Therapie verschlossen. Vielleicht sind seine Einschärfungen oder Skriptanweisungen an noch mehr Nicht-o.k.-Gefühle geknüpft als diejenigen von Frau I.

Einschärfungen haben wir als Nicht-o.k.-Botschaften kennengelernt, die von sich nicht o.k. fühlenden Eltern ihren Kindern weitergegeben werden. Diese entscheiden ihrerseits, sich den Geboten zu beugen (oder nicht) und somit die Nicht-o.k.-Gefühle als Maschen zu übernehmen. Zu deren Bestätigung bzw. Unterstützung entwickeln die Kinder ihre psychologischen Manöver, die Ränkespiele. Die auf diese Weise gewonnenen schlechten Gefühle werden wie Rabattmarken gesammelt und zu gegebener Zeit in Zwangsbefürchtungen, Ängste, Delirien, Herzinfarkte, Tobsuchtsanfälle, Depressionen oder Selbstmord eingetauscht, so wie es das Lebens-Skript (Drehbuch) vorschreibt. Menschen, die ihr Leben durch solch ein Nicht-o.k.-Skript bestimmen lassen, nennen wir in TA *Verlierer* oder *Frösche*. Sie haben ernsthafte Probleme, die sie ohne einen Bewährungshelfer, Therapeuten oder Rechtsanwalt nicht zu bewältigen vermögen. Werden Kindern vorwiegend o.k.-Botschaften von sich o.k. fühlenden Eltern in Form von Erlaubnis gegeben, so können diese sich zu *Gewinnern* oder *Prinzen* bzw. *Prinzessinnen* entfalten. Sie werden selbständig entscheiden, was sie tun, denken und fühlen wollen und dürfen, ohne dabei ihre Mitmenschen zu besiegen oder zu erpressen. Zu diesen ist leider nur der geringste Prozentsatz der Menschen zu zählen. Der größere Teil gehört zu den *Nicht-Gewinnern,* deren *banales Skript* zwischen dem eines Gewinners und dem eines Verlierers liegt. Entsprechend halten sich in ihm o.k.-Anteile und Nicht-o.k.-Anteile etwa die Waage. Diese Leute nehmen es sachte, gehen auf Nummer Sicher und vermeiden gefühlsmäßig hochbesetzte Situationen, wie z. B. Innigkeit. Ein typisch männliches banales Skript befolgt der hart arbeitende Geschäftsmann, der sein ER beinahe ausschließlich benutzt und somit nur wenig Zärtlichkeit und Freude für sein K erhält. Ein typisch weibliches banales Skript bietet die den ganzen Tag emsige Hausfrau, die zum größten Teil von ihrem n-EL aus die Familie versorgt, aber höchst selten ihr ER einschaltet (außer beim Hausputz), um z. B. für ihre Allgemeinbildung Information zu sammeln. Beide fühlen sich meistens zu müde („abgespannt"), um ihrem K abends oder am Wochenende noch freien Lauf gewähren zu können.

Das banale Skript begründet sich hauptsächlich auf Anweisungen, die Eltern ihren Kindern etwa von dem sechsten Lebensjahr an vor ihrem EL_2 aus bewußt einprägen, also in der Zeit, in der der Heranwachsende sein $EL_?$ und ER_2 zu entwickeln beginnt. Diese Botschaften sollen dem jungen Menschen helfen, sich trotz seiner bisher erhaltenen Einschärfungen doch noch im Leben zurechtzufinden, darum scheinen sie auf den ersten Blick auch recht „vernünftig", so als ob sie den früheren Einschärfungen (vielleicht um diese noch im letzten Moment etwas zu entschärfen) genau entgegengesetzt werden, weshalb sie *Gegeneinschärfungen* (counterinjunctions) genannt werden. Sie beinhalten vorwiegend gutgemeinte, vernünftig erscheinende Ratschläge der Eltern an den Heranwachsenden, wie z. B.: „Werde eine gute Hausfrau, ein fleißiger Arbeiter, ein tüchtiger Kaufmann; mach keine Dummheiten, heirate eine gute Partie etc." Dadurch daß Gegeneinschärfungen zu einem späteren Zeitpunkt in der Kindheitsentwicklung einsetzen und daß sie beinahe pflichtmäßig über die EL-Ebene laufen, sind sie natürlich weitaus weniger mächtig als die Einschärfungen. Demzufolge verliert auch das *Gegenskript* (counterscript), das auf diesen Gegeneinschärfungen beruht, dem Skript gegenüber an Bedeutung. Diese Gegeneinschärfungen bzw. Gegenskript-Anweisungen sind gesellschaftlich annehmbarer als Einschärfungen, folglich stellen sie die Verhaltensweisen dar, in die sorgsam eingekleidet Eltern ihre Kinder anderen Menschen vorzustellen wünschen.

Es hat sich in der Praxis aber gezeigt, daß die Gegeneinschärfungen (= das Gegenskript) die Einschärfungen (= Skript) unterstützen, ja sogar bestärken können, so daß sie eigentlich nicht gegeneinander gerichtet sind, wie der Name (fälschlich, wie erst später gesehen wurde) besagt. Zum Beispiel mag eine „Sei unabhängig"-Botschaft von dem EL gegeben sein. In Wirklichkeit kann aber dadurch ein „Komm mir nicht zu nahe" bestärkt werden, das früher vom K her gegeben wurde. Oder eine „Arbeite-hart"-Gegeneinschärfung bestärkt eine „Fühle-nicht"-Einschärfung. – Auf dieser zunächst recht verwirrend erscheinenden Tatsache baut eine nützliche Theorie der Skriptanalyse auf, die wir in dem *Miniskript* später noch kennenlernen werden.

Gelegentlich stellen aber auch die Gegenskript-Anweisungen eine Alternative zu den Skript-Anweisungen dar. Oft hat jemand, dem es plötzlich besser geht, nur von seinem Skript zu seinem Gegenskript gewechselt. Da dieses aber wesentlich schwächer ist und auf die Dauer doch irgendwie das Skript begünstigt, mag diese Besserung leider nur vorübergehend sein.

Schließlich soll der Vollständigkeit halber noch das *Lebensprogramm* erwähnt werden. Hierunter verstehen wir die Informationen, die das Kind vom meist gleichgeschlechtlichen Elternteil auf der ER-ER-Ebene erfährt (siehe Nr. 3 in Abb. 12) und die die Einschärfungen und/oder Gegeneinschärfungen ergänzen bzw. bekräftigen: „Hier zeige ich dir, wie das (was die Skriptanweisungen dir auftragen) praktisch gemacht wird." Einem zukünftigen Alkoholiker wird von seiner Mutter eingeschärft: „Hau ab" oder „Sei nicht". Vom Vater erhält er dann die Information, wie man sich langsam, aber sicher umbringen kann. Er zeigt ihm, was und wie man am besten trinkt, indem er ihm eine Flasche nach der andern anbietet. Bald darauf messen sich im gleichen Sinn „erzogene" Jünglinge bei einem Trinkgelage, wer wohl am meisten verträgt. Danach werden oft die ersten Streiter mit akuter Alkoholvergiftung ins Krankenhaus gebracht... Das Spiel ist in vollem Gange! Alle Beteiligten (der Trinker, die Eltern, die Trinkkumpane, die alarmierte Polizei und die Krankenwagenfahrer, das Nachtdienst habende Klinikpersonal und schließlich die zur Kasse gebetene Krankenversicherung) fühlen sich schlecht, zumindest aber nicht glücklich.

Einschärfungen (1) und Gegeneinschärfungen (2), die im klassischen Fall – in der Praxis jedoch nicht immer – von dem gegengeschlechtlichen Elternteil ausgehen, sowie Lebensprogramm (3) bilden zusammen (ihrer Wichtigkeit und Mächtigkeit nach geordnet) die sogenannte *Skript-Matrix* (Abb. 12), in die während der Skriptanalyse die entsprechenden Botschaften zur allgemeinen Klärung und Übersicht eingesetzt werden können.

Welche bedeutende Rolle der Zuwendung in unseren zwischenmenschlichen Beziehungen zukommt, haben wir bereits gesehen. Die Art der Zuwendung, die wir geben und erhalten, hängt ebenso wie unsere Grundhaltung von jenen frühkindlichen Folgerungen und Entscheidungen für unser Überleben (survival conclusion) ab,

Abb. 12: Skript-Matrix

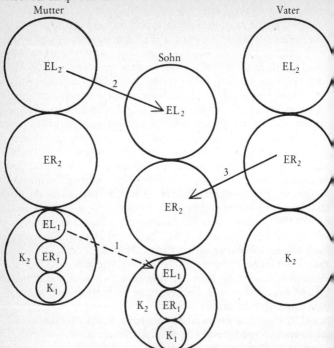

die unserem Skript zugrunde liegen. Es lassen sich fünf Möglichkeiten in Form von Einschärfungen herauskristallisieren, wie wir mit positiver Zuwendung (Lob) geizen:

1. „Gib kein Lob, auch wenn du gerne möchtest!" – In unserer „Gesellschaft" ist nicht viel Platz für Lob. Gute Arbeit wird als etwas Selbstverständliches hingenommen, jedoch kleine Fehler werden schnell gesehen und getadelt, wobei der Tadler oft seine eigene Wut an dem zu Tadelnden ausläßt. Dabei ist das Geben von positiver Zuwendung – wobei nicht die klischeehaften Komplimente gemeint sind – etwas Wunderbares, was auch dem Geber ein angenehmes Gefühl verschafft. Wer kennt aus dem Alltag schon Worte, die mit Lob oder Anerkennung beginnen. Hingegen fallen uns Worte mit „Straf..." zur Genüge ein. „Strafarbeit" ist ein bei allen Schülern Grauen erregendes Wort, das ihre „Ich-bin-nicht-o.k."-Haltung bzw. ihr „Schlag mich"-Spiel fördert. Erhalten dagegen alle Schüler von vornherein mehr Hausaufgaben, die aber denjenigen als Aner-

kennung erlassen werden, die keine „Strafarbeit" verdient haben, so ist das gleiche Erziehungsprinzip angewendet worden, nur daß das Gefühl „Strafe" gar nicht aufkommt, dafür aber das Loben bzw. Anerkennen, also positive Zuwendung, betont wird.

2. „Nimm kein Lob an, wenn du eines erhältst" – Dieses Verbot steckt in den meisten von uns. Bei einem unerwarteten oder ungewohnten Lob werden wir verlegen. Bei meinem ersten öffentlichen Auftritt erhielt ich ausgiebigen Beifall. Prompt wurde ich verlegen und „wußte" nicht, was ich tun sollte, schließlich erging ich mich in Ersatzhandlungen wie Tafelputzen. Da wir aber gerade über dieses Zuwendungstraining gesprochen hatten, ermunterten mich einige Zuhörer, doch ihre Zuwendung anzunehmen. Ich stellte mich also vor das Auditorium, ließ mich beklatschen und fühlte mich keineswegs mehr komisch. Im Gegenteil, ich genoß diese schöne Art der Zuwendung und fühlte mich derart bereichert, daß ich seitdem kein mir zugedachtes und mir angenehmes Lob mehr ausschlage.

3. „Lobe dich nicht selbst (Eigenlob stinkt)!" – Man gilt als gesellschaftsfähig (besonders in akademischen Hierarchiesystemen), wenn man sich vor anderen (insbesondere Vorgesetzten) abwertet. Sie rümpfen die Nase, wenn man sich brüstet. Es gibt keinen Menschen ohne lobenswerte Eigenschaften, und wenn der Betreffende selber auf diese verweist, ist das völlig normal und hat nichts mit Angabe und Aufschneiden zu tun. Diese Eigenzuwendung von ihrem n-EL aus zu trainieren ist besonders wichtig für Menschen mit sogenannten Minderwertigkeitskomplexen (deren K also von einem überstarken k-EL geknechtet wird).

4. „Lehne *kein* dir zugedachtes Lob ab, das du nicht magst!" – Mancher wird für Eigenschaften gelobt, die er selber gar nicht mag. Er braucht das Lob nicht anzunehmen, nur um überhaupt gelobt zu werden. „Du hast einen schönen Namen" kann bei jemandem ausgesprochen schlechte Gefühle hervorrufen, wenn der Betreffende seinen Namen aus welchen Gründen auch immer nicht mag.

5. „Frage nicht nach einem Lob, wenn du dir eins wünschst!" – Eine Patientin kam zur Gruppenstunde mit einem strahlenden Gesicht und konnte es kaum erwarten, sich mitzuteilen: „Seit Wochen habe ich mehr und mehr verspürt, wie ich innerlich darunter litt, wenn ihr euch körperliche Zuwendung gegeben habt, obwohl ich es nach außen hin meistens als ‚Getue' belächelt habe. Als ich aber letzte Stunde erkannte, daß gerade das bei uns zu Hause früher immer gefehlt hat, war ich sehr unglücklich. Mein Mann versuchte alles Mögliche, sich mir durch viele Aufmerksamkeiten erkenntlich zu zeigen, aber nichts half. Schließlich hielt ich es nicht

mehr aus und fragte einfach: ‚Du, nimm mich doch mal in den Arm.' – Schon beim Aussprechen schoß es mir durch den Kopf: Oje, was hast du jetzt für 'n Quatsch gesagt; aber da hatte er mich auch schon in seinen Armen und streichelte mich. Ich kann euch nicht beschreiben, wie schön das war. Als ich ihn dann fragte, ob er das denn mag, sagte er nur: ‚und ob'. Das war eine Sternstunde, wie wir sie in den letzten Jahren unserer Ehe nicht mehr hatten."

Diese negativ ausgedrückten Sätze für die Einsparung an Zuwendung wenden Verlierer „gerne" an, *während Gewinner diese für sich ins Positive umformen.*

Die bisher beschriebenen krankhaften Verhaltensweisen stammen aus dem a-K und bilden den Kompromiß, den der betreffende Mensch mit der Welt eingeht. Sie erhalten ihn oft am Leben, indem sie ihn mit Zuwendung versorgen, selbst wenn er sich erst miserabel fühlen muß, um diese Zuwendung zu erlangen. Kleinkinder zeigen ihre Bedürfnisse und Gefühle sofort. Viele Erwachsene haben diese Wünsche ihres f-K längst vergessen. Gelegentlich findet jemand aus seinem Ersatzverhalten zurück zu seinem f-K. Wenn er sich nicht o.k. fühlt, wird er seine eigenen Wünsche oder Gefühle abwerten und schnell auf seine vertrauten Spiele und Maschen zurückgreifen. Dieses Abwerten der eigenen Bedürfnisse zu konfrontieren und dem Patienten aufzuzeigen, wie er diese Bedürfnisse seines f-K durch krankhafte Verhaltensweisen ersetzt, ist eine weitere, wichtige Aufgabe in der TA-Behandlung, falls der Betreffende das nicht schon selber erkennen und abändern kann.

Jedes Skript kann zu einem charakteristischen Leitsatz, dem Skript-Thema, zusammengefaßt werden, z.B.:

Ich verliere den Verstand (Hamlet, Ophelia, König Lear)
Ich bin der Größte (Napoleon, Hitler, Cassius Clay)
Ich scheine mehr, als ich bin (Felix Krull)
Ich führ' euch an der Nase 'rum (Münchhausen, Till Eulenspiegel)
Ich muß mich umbringen (Kleist, Anna Karenina, Butterfly)
Ich leide – Ich mach' es mir schwer (Rigoletto, Königin der Nacht, Medea, König Lear, Othello)
Ich mag keine Komplikationen (Papageno, Taugenichts, Buffo-Rollen)
Ich will die Welt verbessern (Don Carlos, Max Piccolomini, Fidelio, Schiller selbst)
Ich will mein Recht (Michael Kohlhaas, Maria Stuart)
Ich bin überflüssig (Der Kleine Herr Friedemann)
Mein Stern steigt auf und ... fällt (Wallenstein, Cäsar, Napoleon, Hitler)

Ich schaff' es nicht (K. in Kafkas Schloß)

Vielen Menschen kann man ihr Skriptthema an der Körperhaltung, dem Gesichtsausdruck und der Kleidung (einschließlich der Schminke) ansehen, insbesondere bei Jugendlichen, die Hemden (Sweatshirts) tragen, die durch aufgedruckte Sprüche, Zeichnungen oder Namen ihrer Idole auffallen sollen.

Neben den bisher geschilderten individuellen Skripts gibt es auch Kollektivskripts: z. B. Kultur-Skripts: wir Deutschen – wir Arier – wir Protestanten – wir Arbeiter – diese Franzosen – diese Juden – diese Katholiken – diese Akademiker – diese Beamten. Oder in kleinerem Rahmen, wieder mehr auf das Individuum hinführend: die Familien-Skripts: Wir ... tun so etwas nicht – sind etwas Besseres – haben immer treu dem Kaiser gedient – führen das Geschäft bereits in der dritten Generation. In unserer Familie gibt es das nicht – wird nicht bürgerlich geheiratet – dulden wir keine Strauchdiebe – gibt es immer einen Arzt – wird der Erstgeborene Erbe usw.

Erfüllt ein Familienmitglied die im Rahmen des betreffenden Familiendramas von ihm geforderten Skripterwartungen nicht, so wird es oft als „schwarzes Schaf" angesehen, das sich schließlich an dem inneren Streit zwischen Eigenständigkeit und Familientreue aufreibt (z. B. Buddenbrooks, Gebrüder Karamasow).

Wie es auch immer heißen mag, das Skript bestimmt, welche Rabattmarken wir sammeln, wie wir unsere Zeit gestalten, und bestimmt somit auch unser Verhalten (unsere Transaktionen) nach der ersten Begrüßung. Zwischen unserem ersten Lebensschrei und unserer Verabschiedung am Grab füllen wir die Zeit mit Taten und Muße, die wir niemals, immer, ehe, nachdem oder immer wieder ausführen. Danach können auch die entsprechenden Skripts benannt werden, was (wie so vieles in der Psychoanalyse) nach Beispielen aus der griechischen Mythologie geschieht [2]:

Niemals-Skripts werden vertreten durch Tantalus, der, obgleich umgeben von Wasser und Früchten, niemals mehr essen und trinken durfte. Menschen mit solch einem Skript wird von ihren Eltern verboten, das zu tun, was ihnen Spaß machen würde. Sie müssen in ihrem Leben Tantalusqualen ausstehen, da sie von Versuchungen aller Art umgeben sind. Sie gehorchen ihren erhaltenen Einschärfungen, weil ihr K Angst vor dem hat, was sie am liebsten wollen, so daß sie sich eigentlich selber quälen: „Das schaff' ich nie!" glauben viele Menschen vor Prüfungen oder neuen Aufgaben. „Das werde ich nie kapieren." „Ich werde nie den rechten Partner für mich finden."

Immer-Skripts folgen der Arachne, die sich unterstand, die Göttin

Minerva mit Näharbeit herauszufordern. Zur Strafe wurde sie in eine Spinne verwandelt, die den Rest ihres Lebens immer nur Netze spinnen mußte. Solche Skripts kommen von gehässigen Eltern, die sagen: „Wenn's das ist, was du willst, dann kannst du das ja dein ganzes Leben weiter so machen", wie die schon mehrfach „enttäuschte" Ehefrau, die immer an Männer gerät, die sie mißhandeln, ohne daß sie etwas unternimmt, um sich von ihnen freizuhalten.

Bis- oder *Bevor-Skripts* folgen der Geschichte Jasons, dem geweissagt worden war, nicht eher König werden zu können, bis er gewisse Aufgaben erfüllt hat. Oder Herkules, der kein Gott werden konnte, bevor er nicht zwölf Jahre als Sklave gedient hatte. – Erst die Arbeit, dann das Spiel. „Du darfst nicht an dein Vergnügen denken, bevor du nicht für deine Mutter gesorgt hast."

Danach-Skripts kommen von Damokles, dem es vergönnt war, sich seiner Königsherrschaft zu freuen, bis er auf einmal das an einem Pferdehaar hängende Schwert über sich wußte. „Du darfst dich eine gewisse Zeitlang freuen, aber danach..." „Das dicke Ende kommt nach!" „Wenn du erst verheiratet, im Beruf, in der Lehre usw. bist..."

Immer-wieder-Skripts zeigen Sisyphus, der dazu verdammt war, einen schweren Stein den Berg hinaufzurollen, und gerade wenn er den Gipfel erreichte, rollte der Stein wieder zurück, so daß er immer wieder von vorne beginnen mußte. Das ist das übliche „Beinahe hätte ich's geschafft"-Skript, mit einem „wenn doch bloß" nach dem andern. „Hätte ich bloß eine sieben statt einer vier getippt, dann wäre ich jetzt Lottogewinner."

Das *offengebliebene Skript* folgt der Geschichte von Philemon und Baucis, die zur Belohnung ihrer guten Taten in Lorbeerbäume verwandelt wurden. – Alte Leute, die getreu ihre elterlichen Anweisungen befolgt haben, wissen plötzlich nicht mehr weiter, nachdem alles vorüber zu sein scheint. Sie vegetieren den Rest des Lebens dahin, miteinander plappernd, wie im Winde säuselnde Blätter. Dieses Schicksal teilt so manche Mutter, deren erwachsene Kinder sich nun verselbständigt haben, oder so mancher Rentner nach seinen treu versehenen vierzig Dienstjahren. Alters- und Pflegeheime sind voll von solchen Leuten, die mit ihrer Zeit nichts mehr beginnen können, aber trotzdem noch auf etwas warten.

Diese Skriptveranschaulichungen können noch beliebig weiter ausgedehnt werden, z. B. auf Literatur und Märchen, die in der Psychoanalyse ohnehin eine große Rolle spielen, da sie interessante und beliebte Deutungsobjekte bereithalten. Doch wollen wir jetzt der Frage nachgehen, wie sich Gewinner-Skripts (Prinzen, Prinzessinen) von Verlierer-Skripts (Frösche) unterscheiden. – Zwischen beiden liegt das *banale Skript*, worunter wir in TA das oben beschriebene *Gegen-Skript* verstehen. Es wird hauptsächlich von den Menschen befolgt, die weder Verlierer noch Gewinner sind, die nichts wagen, um nichts zu verlieren, die sich nicht getrauen, eine eigene Meinung vor einer andersdenkenden Mehrheit zu behaupten, die sich andererseits nicht Selbstmordgedanken und Alkoholismus hingeben, sondern ihr Bierchen genießen, und zur rechten Zeit wieder aufhören. Sie lernen und arbeiten redlich, heiraten und erziehen Kinder, wobei sie sich es überall so bequem wie möglich machen. Das banale Skript ist also das des sogenannten normalen Durchschnittsmenschen, und damit das am weitesten verbreitete, ohne Berücksichtigung der Intelligenz oder der sozialen Herkunft! Im großen ganzen stellt das banale Skript also unser aller Alltagsleben dar. – Das Gegenskript ist nicht zu verwechseln mit dem *Anti-Skript*, das aus dem angepaßten, rebellischen K eines Individuums kommt und gegen sein eigenes Skript gerichtet ist bzw. dessen genaues Gegenteil darstellt. Oft gehen aus dem Anti-Skript Meinungsverschiedenheiten mit den Erziehern, Terror, Rebellion und Krieg hervor.

Im Gegensatz zu Fröschen sind Prinzen selbständig, autonom. Sie bedürfen für ihre Lebensplanung nicht erst des Anstoßes und der Herausforderung durch andere. Oft mag es dabei scheinen, daß Frösche die Sieger sind. Jedoch würde einer eingehenden Strukturanalyse ein solcher Sieg kaum standhalten, wie das folgende Beispiel zeigen soll: Wir nehmen aus einer Gruppe von Sportlern zwei etwa gleich schnelle Läufer, die lange für einen entscheidenden 100-m-Lauf trainiert haben, bei dem schließlich der Frosch 12,0 sec, der Prinz im Vergleich aber „nur" 12,1 sec erzielt. Welche intrapersonellen Transaktionen liegen bei den beiden vor? Der Frosch hatte sich, aus welchen Gründen auch immer, darauf versteift, die 12-sec-Grenze zu unterbieten, was ihm trotz harten Trainings bisher versagt geblieben war. Er folgte einem Muß-Skript und quälte sich verbissen durch das Training, ohne von seinem zu hoch gesteckten Ziel abzulassen. Als er dieses bei dem entscheidenden Lauf trotzdem nicht erreicht, sieht er sich als Versager und leidet unter einem Gefühlsgemisch von Ärger und Verzweiflung, was sich auf seine Gesundheit (Magen- und Kopfschmerzen, Schlaflosigkeit und allgemeine Unlust) und damit wiederum auf seine körperliche Leistungsfähigkeit auswirkt.

Der Prinz dagegen hatte während seiner Trainingszeit die Tatsache akzeptiert, daß er nicht schneller als 12,1 sec laufen könne, meistens sogar nur 12,2 sec. Er findet sich damit ab, da er im Rahmen seiner für ihn gültigen Möglichkeiten alle Kräfte eingesetzt hatte, um seine Zeit zu verbessern. Er braucht sich also keine Vorwürfe zu machen, nicht alles versucht zu haben. Er weiß aber auch, daß er zum Ausgleich auf anderen Gebieten seine stärkeren Seiten zur Geltung bringen wird. Mit diesem Zutrauen geht er an den Start und läuft die während des Trainings nur selten erreichte Zeit von 12,1 sec. Über dieses Ergebnis ist der Prinz sehr erfreut, ja sogar stolz, denn für ihn war der Lauf die härteste Disziplin, und er bewältigte sie in seiner persönlichen Bestzeit. Folglich kann er seinem Kameraden den ersten Platz neidlos zugestehen. Den Rest des Tages verlebt der Prinz zufrieden, da er heute wirklich etwas geleistet hat.

Diese Erscheinungen sind hinreichend bekannt von den Schulsportfesten bis zu den Olympischen Spielen. Wie viele Frösche fallen in beinahe hysterische Anfälle, da sie ja „nur" dritte (oder Bronzemedaillengewinner) wurden, während ein Prinz einmal sagte: „Ich habe zum zweiten Male an den Olympischen Spielen teilgenommen, obgleich ich weiß, daß ich keine Chancen auf eine Medaille habe. Aber es ist für mich neben dem Lernenkönnen von den Besseren das schönste Erlebnis meiner sportlichen Laufbahn."

Wie sieht der Unterschied nun in der TA-Sprache aus. Der Frosch kann sich selber nicht richtig einschätzen, da sein ER unzureichend entwickelt, vom EL und/oder K vielleicht getrübt oder ausgeschlossen ist. Sein EL hämmert ständig auf seinem K herum, indem es kaum zu verwirklichende und teilweise unsinnige Forderungen stellt. Dabei wird das ER zur Informationsverarbeitung weitgehend ausgeschaltet. Folglich muß das a-K blindlings gehorchen, und das bestenfalls nur wenig entwickelte f-K ist über seine Vernachlässigung recht traurig. Aber es vermag gegen das mächtige EL („du mußt... und koste es dein Leben") und gegen das ihm hörige a-K kaum etwas auszurichten. Das K bekommt Angst. Schließlich vermag es die hohen Ansprüche und Erwartungen des EL nicht mehr zu erfüllen und muß nun dessen Vorwürfe hinnehmen: „Siehst du, ich habe dir schon immer gesagt, daß aus dir nichts wird... du nichts taugst... du dumm, faul bist... ein Nichtsnutz, eine Flasche, ein Waschlappen, ein Versager bist." Darauf reagiert das K mit Schuldgefühlen, Angst, Minderwertigkeitsgefühlen, Depressionen, Ärger, Wut oder Haß. Diese negativen Gefühle haben wir als Maschen kennengelernt, sobald sie ständig wiederkehren. Sie können viele körperliche Beschwerden zur Folge haben, die wir dann als „psychosomatisch" bezeichnen, da ihnen im körperlich-organischen Bereich keine Ursache nachgewiesen werden kann. In extremen Fällen sieht das K keinen anderen Ausweg, sich dem k-EL zu entziehen, als vermehrt den Betäubungsmitteln zuzusprechen (wie Schlaf-, Beruhigungstabletten, Alkohol und Rauschgiften). Damit wird – falls nicht Hilfe eintrifft – die letzte Phase zur Vollendung des Verlierer-Skripts eingeleitet: „Du mußt es schaffen, und wenn du dabei krepierst!"

Ein Prinz dagegen zeigt eine wesentlich unkompliziertere Strukturanalyse: Das f-K hat eine spontane Idee, für die es sich begeistert und worüber das ER Information einholt, das Für und Wider sorgfältig abwägt und schließlich einen Entschluß faßt. Über den freut sich wiederum das K, nachdem auch das nährende EL seine wohlwollende Unterstützung zugesichert hat und darüber hinaus dem K Spontaneität, Freude, Spaß und Eigeninitiative (z. B. beim Spielen) erlaubt, indem es zusammen mit dem ER vor möglichen Gefahren schützt. Folglich findet das K nur wenig Grund zum Nörgeln oder zur Unzufriedenheit. Das wiederum beruhigt das EL, so daß es das K nicht auszuschimpfen und zu bekritteln braucht. Es besteht also ein Vertrauensverhältnis unter den drei Ich-Zuständen. Das bedeutet nicht, daß sie sich immer sofort einig sind. Auch ein Prinz hat Anfechtungen und intrapsychische Spannungen zu überstehen. Auch trifft er gelegentlich falsche Entscheidungen, wie sich meistens erst hinterher zeigt; jedoch im Gegensatz zum Frosch bekennt er sich zu seinen Fehlern und ergeht sich nicht in tagelangen Vorwürfen gegen sich selbst und gegen die Mitmenschen, denen er schließlich die „Schuld" zuschieben möchte. Überhaupt ist ein Prinz kein Engel, sondern auch nur ein Mensch mit Fehlern, die er an sich und an anderen erkennt und entweder zu vermindern sucht oder sie toleriert. Er vertritt die erste Grundhaltung: Ich bin o.k. – Du bist o.k. Ein Gewinner braucht keine Einschärfungen zu geben oder anzunehmen, da er die Verantwortung für sein Leben und Handeln trägt. Er bildet seine eigenen Urteile und Meinungen, ohne diese von anderen (einschließlich seiner Eltern) unüberlegt zu übernehmen. Er hat seinen Geschmack, unabhängig von dem der anderen. Er braucht seine Fahne nicht nach dem Wind zu hängen und seine Wirbelsäule nicht mit hundert Verbeugungen zu strapazieren, um auf der Positionsleiter eine Sprosse weiterzukommen. Das Lebensziel eines Gewinners ist auf einen ideellen Wert ausgerichtet (z.B. eine Religion, ein Ideal, eine Weltanschauung oder das Beibehalten einer guten Tradition auf einem Bauernhof). Dieser Wert braucht objektiv von den Mitmenschen nicht voll anerkannt zu sein, ja er kann sogar oft verlacht werden, wie es in vielen Biographien großer Dichter, Denker, Musiker, Forscher und Künstler nachzulesen ist.

Verlierer mögen sich auch zu solchen Idealen bekennen, aber sie sehen sich außerstande, ihrem Sinn entsprechend zu handeln. Sie finden es von vornherein einfacher, von anderen Fröschen bereits angehimmelten Idolen nachzueifern, oder sie verdrehen den ursprünglichen Sinn zu einem ihrem Skript entsprechenden Zerrbild. (Frömmigkeit ist ja ganz schön, wenn nur die Frommen nicht wären! Oder: Kommunismus ist ganz gut, wenn nur die Kommunisten nicht wären!) Ein Prinz braucht keine Rabattmarken zu sammeln, keine krummen Ränkespiele einzufädeln, keine stereotypen Rituale zu erdulden, um ein Minimum an lebenswichtiger Zuwendung zu erlangen. Er beansprucht positive, unbedingte Zuwendung, die er auch zu geben versteht. Für ihn bilden gedeckte und gekreuzte Transaktionen keine Lebensnotwendigkeit. Er verlangt und gibt machtvollere Zuwendung, so wie wir sie in der Intimität kennengelernt haben. Folglich sucht er sich seine(n) Partner sorgfältig aus, ohne dabei von reizvollen Äußerlichkeiten des anderen übermäßig abgelenkt zu werden.

Verlierer lassen sich durch äußere Verblendung gefangennehmen. Sie wissen hinterher immer alles besser, während sie vorher zu keiner eigenständigen Entscheidung fähig sind, weil sie sich nur in der Masse stark fühlen. Da können sie allerdings mächtig angeben. Fritz Perls nennt einen Verlierer (Neurotiker) denjenigen, „der seine Fähigkeiten dazu mißbraucht, andere zu manipulieren, anstatt selber erwachsen zu werden. Er kontrolliert, wird machtgierig und mobilisiert Freunde und Verwandte immer dann, wenn er unfähig ist, seine eigenen Kräfte zu gebrauchen. Er handelt so, weil er solche Spannungen und Enttäuschungen, die mit dem Erwachsenwerden einhergehen, nicht ertragen kann. Und ein Wagnis einzugehen ist waghalsig – viel zu gefährlich, überhaupt daran zu denken" –. Verlierer meiden die Gegenwart, indem sie sich in Fantasien über Zukunft und Vergangenheit ergehen: „Wenn ich erst verheiratet sein werde... bzw. als ich noch nicht verheiratet war..." Verlierer wollen keine positive unbedingte Zuwendung geben und annehmen, dafür nörgeln sie an allem herum. Haben sie schließlich dazu keine konkreten Gegenstände oder Persönlichkeiten mehr, dann müssen abstrakte Begriffe zur Projektion der eigenen Unzulänglichkeit herhalten: die Umwelt, die Gesellschaft, die Kirche, der Staat, der Kommunismus, der Kapitalismus. Gewinner halten es für besser, ein kleines Licht anzuzünden, als auf die Dunkelheit zu schimpfen!

Eine allgemeine Verlierer-Reaktion auf einen Aufruf z.B. zum Umweltschutz ist die: „Wenn einer allein etwas tut, hat das ohnehin keinen Effekt, also brauche ich mich nicht angesprochen zu fühlen. –

Wenn aber alle anderen etwas tun, dann fällt mein Beitrag ohnehin nicht ins Gewicht, also brauche ich mich nicht darum zu kümmern...", womit „die anderen" ihm zu einem Gefühl der Genugtuung verholfen haben. Wie gegensätzlich wirkt dazu die Haltung eines Gewinners: „Und wenn ich wüßte, daß morgen die Welt untergeht, so würde ich heute noch mein Apfelbäumchen pflanzen." Das ist Autonomie. Gewinner leben eben im Hier und Jetzt. Gewinner können herzlich lachen und tun dies oft und gerne, während Verlierer sich mit Auslachen, Galgenlachen und dem „Käse"-Lächeln begnügen.

Wer sich nicht als Gewinner, Nichtgewinner oder Verlierer einschätzen kann, dem mögen vielleicht folgende aufgereihte Charakteristika behilflich sein:

Verlierer fühlen sich schuldig, meckern, nörgeln, lieben Elend und lebensgefährliche Situationen, spielen krumme Ränkespiele, entschuldigen sich ständig, bedanken sich nicht, haben keine Freude, klagen, kritisieren ständig andere Leute, grollen und schimpfen viel, sind zynisch, lachen nicht, sagen „Ich kann nicht", gebrauchen verschleiernde Floskeln, ignorieren andere Menschen, sind egozentrisch, trauen niemandem, fühlen sich alt, raffen immer mehr Geld (meist auf Kosten der eigenen Gesundheit), vermeiden und hintergehen die Gemeinschaft, fühlen sich einsam, haben verkrampfte, abwehrende Körpersprache, sind snobistisch, überheblich und selbstsüchtig, tun sich mit Verlierern zusammen, haben viele Magengeschwüre, Kopfschmerzen, Bluthochdruck, Übergewicht und Herzinfarkte, fallen der Öffentlichkeit zur Last, nutzen soziale Einrichtungen aus, sind rücksichtslos (z.B. im Straßenverkehr), zerstören, hassen die Natur (reißen Blumen ab, hauen Bäume um), haben immer fadenscheinige Ausflüchte, halten keine Versprechen, nutzen die Freigiebigkeit anderer aus, ängstigen sich vor der Zukunft und den bösen Menschen, unterstützen Schwäche, tadeln und strafen hauptsächlich, finden überall nur die Nachteile heraus, sind voreingenommen, intolerant, lügen oft, atmen verhalten, lassen Nahrungsmittel verkommen, sind unentschlossen, unzufrieden und fordernd, knechten und besiegen andere, um sich als Pseudo-Gewinner zu erachten, sind neidisch, triumphieren, beschweren sich ständig, vollenden nur selten etwas und *versuchen* nur, etwas zu tun.

Gewinner haben Freude und Freunde, lachen, geben und gewinnen Liebe, leben, atmen tief, teilen, anerkennen und loben, können sich umstellen und ändern, geben und empfangen, sind offenherzig, erkunden, bilden Körper und Geist, stolpern nicht über Strohhalme, spielen, singen, vertrauen, sind wirklichkeitsbezogen, prüfen und wägen, sind vertrauenswürdig, pflegen zwischenmenschliche Beziehungen, haben eine offene Körperhaltung, ermutigen sich und andere, freuen sich ihrer Gesundheit, nehmen andere, wie sie sind, haben Humor, sind aufmerksam, lieben Natur und zerstören sie nicht, können ja und nein sagen (statt jein), sind nicht nachtragend, sagen nicht dauernd: „hätte und wäre", betrinken sich nicht, planen für die Zukunft, drücken ihre wahren Gefühle aus, sind gute Arbeiter, sind aufmerksam, haben junge Herzen, benutzen keine Klischees, nutzen andere nicht aus, planen, verstehen, wissen, wo sie stehen, haben Ziele, pflegen Gemeinschaft mit anderen Gewinnern, geben und empfangen Zuwendung, finden überall gute Seiten und bestärken diese, lieben Musik und die anderen Künste, sammeln keine Rabattmarken, tun etwas, übernehmen die Verantwortung für sich selber und bejahen sich und andere.

Von diesen aufgezählten Eigenschaften ist keine so lebensnotwendig, daß du sie nicht ablegen könntest, und keine so unerreichbar, daß du sie dir nicht aneignen kannst – wenn du willst.

Wie einfach das oftmals ist, zeigt das folgende, durchaus nicht seltene Beispiel: Herr K., ein selbständiger Geschäftsmann, kam in Behandlung wegen Schlafstörungen, Kopfschmerzen, Verstopfung, Magenbeschwerden und Gereiztheit, also typischen psychosomatischen Beschwerden. Entspannungsübungen halfen nur wenig. Die Ehefrau war verzweifelt, da ihr mehrere Fachinternisten keine organische Krankheit bei ihrem Mann bescheinigen konnten. Eines Tages kam Herr K. etwas später zur Therapiestunde und fluchte fürchterlich auf den Verkehr, die Straßen, die Autofahrer usw. Er fuhr nämlich geschäftlich zweimal wöchentlich in eine 250 km entfernte Stadt und war an diesen Tagen, an denen er 500 km zurückgelegt hatte, besonders reizbar und von Kopfschmerzen geplagt. Er sah das ein und kam schließlich zu dem Vertrag, einmal probeweise mit der Bahn zu fahren. Und siehe, gleich beim ersten Mal waren die Kopfschmerzen verschwunden. Es stellte sich bald heraus, daß diese bei Herrn K. – wie bei vielen anderen Patienten – von den hohen Abgaskonzentrationen im Stadtverkehr und in Verkehrsstauungen herrührten. Nach weiteren Fahrten kam Herr K. zu der Feststellung: „Trotz Anfahrt zu den Bahnhöfen und einmal umsteigen brauche ich etwa die gleiche Fahrzeit. Der Fahrpreis ist sogar geringer, als wenn ich alleine im Wagen fahre. Und ich kann es mir schön gemütlich machen. Keine Schneeverwehungen und Nebelbänke, keine Staus und Unfälle und keine Kreuz- und Schulterschmerzen mehr. Während der Fahrzeit kann ich schon einiges von dem Papierkram erledigen ... daß ich nicht eher auf diese Idee gekommen bin ...

denn ich glaubte immer, daß ich gerne Auto fahre und mich dabei entspanne!" Herr K. wurde also ein eifriger Eisenbahnfahrer, und ohne weitere nennenswerte Therapie verschwanden die Beschwerden innerhalb weniger Wochen. Das gesamte Familienleben wurde harmonischer, sogar der Dackel, der sich früher bei Herrchens Rückkehr verkrochen hatte, sprang bald freudig schwanzwedelnd sein Herrchen zur Begrüßung an. Ich wurde schließlich mit vielen Ehren überschüttet und hatte meine Mühe, daß Herr K. die Verantwortung für seinen Erfolg für sich selber in Anspruch nahm. Denn er hatte ein Vorurteil (Auto fahren ist modern, Bahn ist viel zu umständlich) mit seinem ER überprüft und für sich als nicht haltbar befunden und daraus eine Konsequenz gezogen. Er hat seine Situation, auf die er vorher nur geschimpft und seine Unzufriedenheit projiziert hat, selbständig geändert und damit sich selber geholfen und obendrein einen Beitrag zum Umweltschutz geleistet, denn die Züge fahren ohnehin und sicherer.

Mittlerweile mag der Eindruck entstehen, daß die Menschen durch ihr Skript, das sie von ihren Eltern erhalten haben, ungerechterweise zu unterschiedlichen Lebensabläufen vorbestimmt sind, also zu Verlierern oder Gewinnern, von denen letztere ohne fremde Hilfe ihr Leben zu gestalten wissen, während erstere mangels eines festen Ziels von wirklichkeitsfremden Vorstellungen träumen, was wir in TA „Warten auf den Weihnachtsmann" nennen. Frösche meinen es rechtfertigen zu können, lebenslänglich ihren Eltern ihr „Verlierer-Skript" vorhalten zu müssen. – Das stimmt nicht! Eltern handeln auch nur aus ihrem Skript und haben sich bestimmt von ihrem Standpunkt aus redlich bemüht. Es gibt keine Eltern, die ihre lebenden Kinder vorsätzlich *nur* schlecht behandelt haben! Auch stand ihnen im Gegensatz zu uns noch nicht die moderne Kenntnis über unsere seelischen Vorgänge (z.B. in Form der TA) zur Verfügung. Wenn unsere Eltern uns vernichtende Anweisungen gaben, so haben sie damit nicht beabsichtigt, uns zu zerstören. Jeder einzelne von uns ist dazu fähig, unheilvolle Botschaften aus seinem eigenen Schmerz heraus zu übermitteln. Solange sich Verlierer in Vorwurfshaltungen den Eltern gegenüber ergehen, bekunden sie damit, daß sie noch nicht die Verantwortung für sich selber übernehmen wollen, sich also noch in einem EL-K-Abhängigkeitsverhältnis befinden. TA bietet allen Verlierern und Nichtgewinnern einen seiner zentralen Sätze an: *Du kannst dein Skript ändern!* – Wenn du willst. Du kannst lernen, für dich selber zu entscheiden, welcher deiner Stimmen in deinem Kopf du zukünftig Gehör schenken willst und welcher nicht. Du kannst sagen: „Nein, auf diesen

Quatsch höre ich ab sofort nicht mehr." Oder du kannst sagen: „Das hört sich recht vernünftig an." Werde dir selbst ein starkes n-EL, das dir Erlaubnis gibt, Ziele nach deiner Wahl anzusteuern und die Verantwortung für das Risiko zu übernehmen. Du als Gesamtpersönlichkeit hast die Fähigkeit, von einem Ich-Zustand zu einem anderen zu wechseln. Du brauchst dich nicht ständig in einem eingeschlossen zu halten. Du kannst dich nicht besser fühlen, bevor du dich nicht dazu neu entschieden hast. Jedesmal wenn du ein dir eingeschärftes Verbot nicht befolgst, sondern dir statt dessen erlaubst, was du gerne möchtest (ohne anderen damit zu schaden), dann hast du von deinem f-K aus diese Neuentscheidung getroffen, nämlich die alten Botschaften zu ignorieren und dir selber Erlaubnis für mehr Freude an deinem Leben zu geben!

Skriptanalyse

Der Schleier der Vorurteile, der bislang Behandlungsformen, die irgendwie das Wort Psyche beinhalten (Psychiatrie, Psychologie, Psychotherapie, Psychoanalyse), für viele Menschen verhüllte, lichtet sich nur langsam. Noch immer kommen Menschen erst dann in Therapie, wenn ihr ständig steigender Leidensdruck sie schließlich zu verzweifelten Handlungen, wie z. B. Selbstmord, treibt, nachdem mehrere Kuren, chirurgische Eingriffe und Tabletten aller Art ihren in den Bereich des Körperlichen verlagerten seelischen Beschwerden keine Abhilfe zu schaffen vermochten.

Zur Therapie kommen Menschen, die unter sich selber leiden oder unter denen ihre Mitmenschen leiden. Vor jede Therapie gehört eine Diagnose. Diese wird in TA weniger nach medizinisch-psychiatrischen Begriffen gestellt, sondern mehr auf das Streben, Wollen und Handeln der Person, also auf ihr Lebensmanuskript bezogen. Daß körperlich begründbare Krankheiten, insbesondere hirnorganische, vorher ausgeschlossen sein müssen, erübrigt sich zu erwähnen.

An Hand der *Skriptanalyse* werden die einzelnen Elemente, die zu dem jetzigen Skript geführt haben, erarbeitet, wodurch der Patient einen (oft den ersten) vernünftigen Einblick in seine Persönlichkeit und sein Verhalten erhält und damit in sein Lebensdrama, das er zwanghaft durchspielt. Diese Elemente sind [2,4]: 1. Elterliche Einschärfungen – 2. Elterliche Gegeneinschärfungen – 3. Grundhaltung – 4. Gefühlsmaschen – 5. Bevorzugte Spiele – 6. Selbsteinschätzung – 7. Lebensprogramm – 8. Vertrag. – Diese „klassische" Skriptanalyse soll ohne erläuterndes Beispiel bleiben, damit die hier aufgereihten Fragen den Leser zum Aufzeichnen seiner eigenen Skriptmatrix behilflich sein können.

1. Unter *Einschärfungen* haben wir die Verbote kennengelernt, die Kinder vom K ihrer Eltern (meist vom gegengeschlechtlichen Elternteil) nonverbal (später auch verbal) immer wieder erhalten haben und die die eigentliche Grundlage eines jeden Skripts bilden. Welcher Art diese Verbote sind, erfahren wir sehr schnell aus den

Antworten auf einige gezielte Fragen bzw. Aufforderungen, die immer offen (open-ended) gestellt sein sollten, d. h. die nicht einfach mit Ja oder Nein beantwortet werden können; z.B.: „Erzähle mal etwas über deine Eltern." (Hier ist bereits von analytischem Wert, welcher Elternteil zuerst genannt und beschrieben wird und wie das geschieht.) Wie hat deine Mutter/dein Vater dich gelobt? Wie hat deine Mutter/dein Vater dich getadelt? Welches war ihr/sein wichtigster Ratschlag an dich? Was meinte deine Mutter/dein Vater, was aus dir mal werden sollte? Was magst du am meisten/wenigsten an dir?

2. *Gegeneinschärfungen* waren solche Ratschläge, die das Kind vom EL seiner Eltern erhielt und die die Grundlage für das *Gegenskript* bilden, das den Ablauf des täglichen Lebens bestimmt. – Sie werden mit den gleichen Fragen in Erfahrung gebracht wie die Einschärfungen.

Beim Anhören der einzelnen Erzählungen über Einschärfungen und Gegeneinschärfungen können wir viele krankhafte Widersprüche erkennen, die nach einigen Lehrmeinungen in bestimmten Familienkonstellationen zu einem geisteskranken Kind führen können. So berichtet ein vor wenigen Wochen deutlich gebessert aus dem Krankenhaus entlassener schizophrener Jugendlicher mit einer schon krankhaften Mutterbindung: „Nachdem ich auf Anraten der Ärzte für einige Zeit von meiner Mutter getrennt gelebt hatte und ich nach erheblichen Anfangsschwierigkeiten eigenständiger zu werden begann, ging es nach meiner Rückkehr in ihr Haus auch mit der Schule besser, da sie den Lehrern und Ärzten versprach, mir mehr Selbständigkeit bei den Schularbeiten zuzugestehen, ja mich sogar regelrecht zu eigener Arbeit ermutigte. Als ich eines Tages das Haus verlassen wollte, um mir in der Bibliothek einige Bücher für einen Literaturaufsatz zu besorgen, jammerte sie, warum das gerade jetzt sein müsse, wer wäre dann bei ihr, wenn sie einen Migräneanfall bekommt!" Und alsbald häuften sich solche Widersinnigkeiten derart, daß der Junge nur noch resigniert feststellen konnte: „Was ich auch mache, es ist immer falsch" (Selbsteinschätzung eines Verlierers). Solche Widersprüche behindern und verwirren die Entwicklung klarer persönlicher Beziehungen, da die widersprüchliche Haltung der Eltern z.B. die hilfreiche Gemeinschaft des Kindes mit anderen verhindert, aus der es weitere gesunde Verhaltensweisen für seine späteren zwischenmenschlichen Beziehungen erlernen könnte.

3. Unter der *Grundhaltung* verstehen wir die Gefühle des Kindes, seines eigenen Selbstwerts und dem der andern (Ich bin o. k. – Du

bist o.k.). Welche der vier möglichen Grundhaltungen eingenommen werden, kann ebenfalls aus den unter 1. gestellten Fragen entnommen werden, aber auch z.B.: Was hattest du für Spitznamen? Was bedeuten sie? Oder direkter: Hast du jemals gefühlt, daß mit dir irgend etwas nicht stimmt? Wenn ja, was?

4. Eine *Gefühlsmaske* ist das stereotype, schlechte Gefühl, das die wahren Gefühle des f-K verdeckt bzw. ersetzt und mit dem andere Menschen erpreßt werden können. Es kann in einer direkten Frage schnell erfahren werden: „Beschreibe das schlechte Gefühl, das du am häufigsten in deinem Leben empfunden hast."

5. Die *Lieblingsspiele* stellen eine Reihe von verdeckten sozialen Manövern dar, die mit einer Gefühlsmaske (dem Nutzeffekt des Spieles) enden. Spiele werden z.B. durch Fragen erkannt: Was ging bei dem (eben geschilderten) Ereignis in deinem Kopf vor sich? Wieviel Entziehungskuren hast du schon hinter dir? Wie oft bist du bestraft, verhauen oder geschieden worden? Weswegen? – Ränkespiele und Gefühlsmasken werden natürlich am besten aus dem unmittelbaren Verhalten des Betreffenden (aus seinen Transaktionen) erkannt.

6. *Selbsteinschätzung* ist derjenige Entschluß, zu dem das Kind auf Grund jener frühen Erfahrungen gelangt, durch die es gelernt hat, sich seine lebensnotwendige Zuwendung zu verschaffen. Einige solcher Selbsteinschätzungen lauten (und stellen im Grunde eigentlich nichts anderes dar als die oben gegebenen Beispiele von Skript-Themen): Es ist wunderbar zu leben – das Leben ist entsetzlich – ich bin dumm/klug – ich werde es schaffen, und wenn ich dabei krepiere – ohne meine Mutter bin ich nicht lebensfähig – ich werde es nie schaffen – ich muß wohl erst sterben, ehe sich mal jemand um mich kümmert – es ist schön, geliebt zu werden. – Sie können durch spezielle Fragen herausgefunden werden, wie: Wenn du so weiter lebst wie bisher, was wirst du in fünf Jahren tun? Was würde den Himmel auf Erden für dich bedeuten? Wenn du durch Zauberspruch etwas in deinem Leben verändern könntest, was wäre es? Was wird auf deinem Grabstein stehen?

7. Unter dem *Lebensprogramm* haben wir die Weisung kennengelernt, die das Kind von dem (meist gleichgeschlechtlichen) Elternteil erfuhr, es läßt sich lesen als: „Ich zeige dir, wie du am besten den Einschärfungen gehorchst." Hier werden alle Skriptelemente zusammengezogen, sozusagen zu einem Seil, an das dann das gesamte Leben gehängt wird. – Was glaubst du, wie du sterben wirst? In welchem Alter? Welches war deine Lieblingsgeschichte (meistens Märchen)? Welches war deine Lieblingsperson darin? Warum?

8. Unter einem *Vertrag* (der nicht unmittelbar zur Skriptanalyse gehört, sondern erst von ihr hergeleitet wird) verstehen wir ein beiderseitiges Einverständnis zwischen dem Patienten und dem Therapeuten über die Handlungen, die zu einem klar abgesteckten und für den Patienten auch erreichbaren Ziel führen werden, und über die Kriterien, an denen beide und andere (z. B. Gruppenmitglieder) erkennen, ob und wann er an diesem Ziel angekommen ist. – Damit die Behandlung auch wirkungsvoll sein kann, wird der Vertrag zwischen dem ER des Therapeuten einerseits sowie dem ER und dem K des Patienten andererseits geschlossen. Sein ER versorgt ihn mit vernünftigen Fakten, und sein K liefert die zur Änderung notwendige Energie sowie Wünsche und Bereitwilligkeit (Motivation). Der Vertrag kann sich aus der Skriptanalyse ergeben und z. B. durch folgende Fragen ergänzt werden: Was möchtest du, daß dein Vater/deine Mutter anders getan hätten? Was erwartest du am dringlichsten vom Leben? Was ist dein größtes Problem? – Er kann aber auch ganz am Anfang der Therapie stehen und durch Fragen erstellt werden, wie z. B.: Was wünschst du dir für ein besseres Leben? Was müßtest du an dir ändern, um das zu erreichen? Was willst *du* tun? Wie können andere Menschen erkennen, daß du dich geändert hast? Wie könntest du dich selber hintergehen? Inwiefern wird die Tatsache, daß du dein Ziel erreicht hast, dich vor zukünftigem Dilemma bewahren?

Klare Verträge lauten z. B.: Ich rauche nicht mehr – Ich bleibe trocken – Ich treffe meine eigenen Entscheidungen hinsichtlich meiner persönlichen Bekanntschaften – Ich bleibe an diesem Arbeitsplatz für wenigstens ein Jahr – Ich lerne zwei neue Freunde kennen – Ich suche eine neue Wohnung – Unklare und damit abzulehnende Verträge sind: Ich möchte wieder glücklich sein – Ich will versuchen, eine harmonische Ehe zu führen – Wenn meine Frau sich geändert hat, werde ich es auch tun.

Zu einem gültigen Therapievertrag gehören vier grundsätzliche Forderungen: a) Patient und Therapeut stimmen überein in dem Ziel, dem Weg und dem voraussagbaren Ergebnis der Behandlung. b) Zwischen beiden Parteien werden Dienstleistungen (Fachkenntnis, Zeit, Fertigkeiten) und Güter (Geld oder persönliche Dinge, wie Basteleien etc.) ausgetauscht, wodurch u. a. eine versteckte EL-K-Beziehung vermieden werden kann. c) Der Vertrag wird auf legale und ethische Weise ausgeführt. d) Der Patient ist fähig (z. B. nicht betrunken), einen gültigen Vertrag einzugehen, und der Therapeut ist für eine Behandlung durch seine Ausbildung, Erfahrung und persönliche Reife befähigt.

Der Vertrag sollte vom Patienten aufgestellt, vom Therapeuten angenommen und vom Patienten anerkannt werden. Der Vertrag bildet auch eine Art Leitschiene zum Beschreiben und Messen der einzelnen Schritte des Patienten auf dem Weg zu seinem Ziel; z.B. kann jede Transaktion eines Patienten, dessen Vertrag lautet: „Ich will andere achten (bzw. nicht mehr abwerten)", mit Ja oder Nein bewertet werden. Eine grafische Darstellung der Ja- und Nein-Antworten zeigt jedem, welchen Fortschritt der Betreffende erzielt. – Der Vertrag beläßt die letzte Verantwortung für einen persönlichen Wandel bei dem Patienten. Folgt die Behandlung nicht dem Vertragsziel oder weicht der Patient ständig auf sein a-K oder sein EL aus, wird ein Widerstand deutlich, und ein wachsamer Therapeut benutzt dieses Zeichen, um den Patienten auf seinen ursprünglichen Vertrag zurückzubringen oder ihn zu einem neuen aufzufordern. Klare Verträge zu schließen, sie durchzuarbeiten und ein persönliches Ziel zu erreichen, ist in sich ein therapeutischer Vorgang und für TA sehr wichtig. – Ein Patient kann als *geheilt* angesehen werden, wenn er sein Vertragsziel erreicht hat.

Eine andere Methode, die uns klar und schnell zeigt, wie wir oft blitzartig die einzelnen Skriptelemente durchlaufen, steht uns in dem *Miniskript* [9] zur Verfügung. Es baut auf der praktischen Erfahrung auf, daß die Gegeneinschärfungen (das sind die Anweisungen, die die Eltern – beunruhigt durch zunehmende Entwicklungsstörungen ihres Kindes – diesem gewissermaßen in letzter Minute seines Heranwachsens in Form von guten Ratschlägen und Ermahnungen auf den Lebensweg mitgeben) die verhängnisvollen Einschärfungen nicht immer zu entschärfen vermögen (wie sie es ihrem ursprünglichen Sinn nach tun sollten), sondern diese meist noch verstärken.

Das Verhältnis der Einschärfungen und Gegeneinschärfungen zueinander zeigt das Gleichnis von der Skriptbrille [9]: Bei seiner Geburt hat Klein Hänschen gute Augen und sieht die Welt und die Menschen seiner Umgebung völlig klar. Da seine Eltern unter dem Einfluß ihrer eigenen Nicht-o.k.-Anweisungen (die sie wiederum von ihren Eltern übernommen haben) leben, bestehen sie darauf, daß auch er das Leben nicht so klar sieht, sondern sie bringen ihn dazu, sich eine Skriptbrille aufzusetzen, die der ihren gleicht (Einschärfungen). Mit dieser Brille sieht Hänschen ein Abbild des Lebens, das mit dem Zerrbild übereinstimmt, das seine Eltern als Wirklichkeit bezeichnen (Skript). Bald sehen sie aber, daß Hänschen unter dieser Brille zu erblinden droht. Um dies zu verhindern, entschließen sie sich, den oberen Teil der Gläser so zu schleifen (Gegeneinschärfungen), daß er wenigstens ein kleines bißchen sehen kann (Gegenskript). – Später wird Hans sich *die* Menschen als Freunde oder gar Ehepartner suchen, die die gleiche Art von Zerrbild sehen. –

Die Gegeneinschärfungen werden von dem Kind wie Tonbandaufzeichnungen in seinem Kopf gespeichert und dann abgespielt, wenn es sich irgendwie verunsichert fühlt, in dem Glauben dadurch seine schlechten Gefühle vermindern zu können. Wie wir bald sehen werden, treibt es aber dadurch sein Skript erst richtig an, weswegen die Gegeneinschärfungen im Zusammenhang mit dem Nicht-o. k.-Miniskript *Antreiber* genannt werden. Zur Zeit sind sämtliche individuell unterschiedliche Gegeneinschärfungen auf fünf Antreiber zurückzuführen: „Sei perfekt – Beeil dich – Streng dich an – Mach es mir recht – Sei stark." [9].

Der *„Beeil dich"*-Antreiber veranlaßt uns, noch schneller, gehetzter und „nervöser" zu sprechen, zu handeln oder zu denken. Wir meinen unter diesem Antreiber, alles gleich jetzt erledigen zu müssen. Wir unterbrechen andere Leute, um sie dadurch zum Beenden ihres Satzes zu zwingen, oder wir schauen ständig auf die Uhr und tippen ungeduldig mit den Fingern. Wenn wir andere zur Eile antreiben, stehen wir selber unter dem „Beeil dich"-Antreiber, z. B., um ja keine Intimität aufkommen zu lassen: wie es in dem entsprechenden Ränkespiel „Überlastet" praktiziert wird.

Unter einem *„Sei perfekt"*-Antreiber bemühen wir uns, Perfektion zu erreichen, und diese auch von andern zu verlangen. Wir gebrauchen dann großartige, geschraubte Worte, antworten mehr, als überhaupt gefragt wurde. Wir reden weitschweifig, erklären alles zehnmal bis in alle Einzelheiten, damit es ja nur richtig verstanden wird. Wir sind dem Trugschluß verfallen, nicht o. k. zu sein, wenn wir nicht perfekt sind, was wir z. B. täglich in unserer heutigen sogenannten „Leistungsgesellschaft" erfahren können.

Wir blockieren unter dem *„Streng dich an"*-Antreiber unsere Spontaneität bzw. Denkfähigkeit, so daß wir meinen, an uns gerichtete Fragen wiederholen, vom Thema abweichen, Pausen machen oder uns in Floskeln ergehen zu müssen, wie: „Das ist gar nicht so einfach – Wie meinst du das – Das verstehe ich nicht – Das ist schwer für mich – Ich kann nicht – Ich weiß nicht (obgleich ich es doch weiß!)." Wir stellen uns damit dümmer, als wir eigentlich sind. Dieser Mechanismus ist uns bekannt als eine Form der Blockierung, die bei vielen Patienten zu beobachten ist, die kurz vor ihrem Ziel stehen, aber Angst haben, dieses wirklich zu packen, oder die durch besonders harte Anstrengung es sich erst meinen verdienen zu müssen. Hauptsächlich aber wollen sie andere Gruppenmitglieder und den Therapeuten dazu bewegen, sich *mit ihnen* mehr anzustrengen, um ein Ziel zu erreichen. Der ins Moor gefallene Mann, der einen festen Halt vor sich sieht, strampelt wie wild darauf los und sackt dabei immer tiefer. Würde er sich bedächtig bewegen, sich eben *nicht* anstrengen, würde er den Halt bald erreichen.

Unter dem „*Sei stark*"-Antreiber, spielen wir den großen Helden, den nichts erschüttern kann, das Vorbild für alle andern. Auf keinen Fall dürfen wir die Maske fallen lassen oder gar Gefühle zeigen, diese bedeuten ja Schwäche (wie z.B. schon den Spartanern von klein auf eingeprägt wurde). Wir haben schließlich gelernt, uns zu beherrschen, wenn uns zum Heulen zumute ist oder wir vor Freude aus der Haut fahren möchten. Dies ungeachtet der Erfahrung, daß Vergewaltigung von Gefühlen sich sehr bald rächt – Hilfe anzunehmen oder uns Schwächen und Fehler einzugestehen würde für uns ein Fiasko bedeuten!

Der „*Mach's mir recht*"-Antreiber läßt uns dafür verantwortlich sein, daß wir anderen zu ihrem Wohlergehen verhelfen, indem wir herausfinden, was andere von uns erwarten, und uns danach richten. Unsere eigenen Bedürfnisse und Wünsche werden verdrängt. Es ist uns wichtig, von den andern angenommen und geliebt zu sein. Für dieses scheinbar so erstrebenswerte Ziel geben wir unsere Eigenständigkeit auf. Spontaneität, eigenes Denken oder gar Kritik müssen vermieden werden (was sollen denn die Leute von uns denken!). Uns spukt dann nur eine Frage durch den Kopf: „Wie finden mich die anderen, bin ich auch gut so?" – Umgekehrt machen wir für unsere eigenen Empfindungen ebenfalls die anderen verantwortlich: „Du hast mich so richtig froh, wütend, verärgert oder ängstlich gemacht." – Unter diesem „Mach's mir (bzw. anderen) recht" haben wir jedwede Eigenständigkeit verloren, wir sind lediglich Satelliten der anderen. – Wie verbreitet dieser „Mach's mir recht"-Antreiber in der Bevölkerung ist, zeigt u.a. ein Versuch, in dem Menschen aus verschiedensten Bildungsschichten Witze, die ihnen von Bändern vorgespielt wurden, hinsichtlich ihres Anreizes zum Lachen beurteilen sollten. Durch besondere Tricks wurde ein Lachen bei den langweiligen Witzen so eingeblendet, daß der Proband meinen mußte, die anderen Versuchspersonen lachen alle über diesen Witz, den er überhaupt nicht witzig findet. Da er von den andern gesehen werden kann, lacht er schließlich auch und gesteht diesem sonderbaren Witz einen Lacherfolg zu. – Jeder von uns kennt Situationen, in denen er seine Meinung und Empfindungen verleugnet aus Angst, von den anderen ausgelacht oder zurückgestoßen zu werden. – Ein typisches „Mach's mir recht"-Verhalten ist z.B. bei sehr vielen

Bewerbungen, Geschäftsleuten und Pärchenbildungen zu beobachten.

Unsere Grundhaltung in allen Antreibern ist: Ich bin nicht o.k. – Du bist o.k., bzw. ich bin o.k., *wenn* ...

Im Miniskript wird das Hauptinteresse also auf die Antreiber (Gegeneinschärfungen) gelegt, während es bei der „klassischen" zuvor beschriebenen Skriptanalyse auf die Einschärfungen konzentriert wurde. Diese spielen auch im Miniskript eine wichtige Rolle. Da sie einem Kind anstelle von Erlaubnis zur freien Entfaltung gegeben wurden, dämmen sie die Entwicklung des Kindes zur Selbständigkeit erheblich ein, weswegen die Einschärfungen im Nichto.k.-Miniskript *Bremser* genannt werden. Inhaltlich völlig gleich, werden sie im Wortlaut etwas vereinfacht gelesen: „Du taugst nichts – Du bist minderwertig – Du bist ein Versager – Du bist dumm – etc." Die Grundhaltung des Bremsers ist: Ich bin nicht o.k. – Du bist o.k.

Das dritte Miniskriptelement ist das *rachsüchtige K*, das z.B. mit Trotz, Rache oder Triumph reagiert: „Ich werde es euch schon zeigen ...!" In dieses K-Verhalten flüchtet sich der Betreffende von seinem Bremser aus, um damit seine Ich-bin-nicht-o.k.-Gefühle zu vermeiden. Denn im rachsüchtigen K fühlen wir uns o.k. Aber die andern sind nicht o.k. Von dieser Haltung aus spielen wir unsere Verfolger-Ränkespiele (literarisch großartig geschildert in „Professor Unrat" von H. Mann). Aber die Rache kann sich auch in einer passiven Aggressivität ausdrücken: wenn sich jemand aus einer Auseinandersetzung beleidigt zurückzieht, und damit ein schlechtes Gefühl bei den anderen zurücklassen will: „Ihr werdet schon sehen, wohin ihr ohne mich kommt!" Oder das immer wieder zitierte Beispiel: „Geschieht meiner Mutter schon recht, wenn ich mir die Hände erfriere, warum kauft sie mir keine Handschuhe." – Von zwei Schichtarbeitern, die abwechselnd zur gleichen Zeit mit den gleichen Berufsjahren und gleicher Ausbildung am gleichen Arbeitsplatz die gleiche Arbeit verrichten, verletzt der eine sich so gut wie nie, der andere aber „baut" ständig einen Unfall („geschieht dem Werk schon recht, daß ich dauernd krank bin, warum geben sie mir keine andere Arbeit!"). Dieser Typ des „Verunfallers" ist allen Versicherungen bekannt, und sie zahlen anstandslos. Jedoch zahlen einige dieser Krankenversicherungen nicht die Behandlung von Geistes- und Gemütskrankheiten, da sie diese als „persönlichkeitsbedingt" ansehen! Und der Verunfaller? Sind dessen „Unfälle" nicht persönlichkeitsbedingt?

Das vierte Miniskriptelement schließlich ist der gefühlsmäßige

Nutzeffekt *(Endauszahlung)*, der wie bei den Ränkespielen aus einer (oder mehreren) Gefühlsmaschen besteht, wie z. B. Verzweiflung, Depression, Alleinsein, Ohnmacht: Ich bin nicht o. k., die anderen auch nicht.

Das Nicht-o. k.-Miniskript (Abb. 13) eines politisch recht aktiven Studenten war bereits nach wenigen Sätzen klar: „In unseren Diskussionskreisen bin ich eigentlich immer recht gut, und es gibt mir so einen Kitzel, immer die beste Idee zu haben („Sei perfekt"-Antreiber). Seit einiger Zeit haben wir eine neue, recht klevere Kollegin, die manchmal noch schlagkräftigere Argumente bringt. Das muß ich dann hinnehmen. Wenn die mich aber kritisiert, fühle ich mich richtig abgewürgt („Ich tauge nichts"-Bremser). Und dann werde ich so wütend auf sie, daß ich ihr gegenüber richtig unfair werde („Ich werd's dir zeigen" – rachsüchtiges K). Das merke ich auch an der ablehnenden Reaktion der anderen, und dann stehe ich alleine da und fühle mich unheimlich beschissen (Einsamkeits-Masche als Endauszahlung). Ich weiß nicht, was ich da tun soll."

Das Nicht-o. k.-Miniskript ist eine Folge von Nicht-o. k.-Verhaltensweisen, die nicht unbedingt in Reihenfolge 1–4 durchlaufen werden müssen; vielmehr richtet sich der Schwerpunkt nach der (Nicht-o. k.-)Lebensgrundhaltung des Betreffenden.

Abb. 13: Nicht-o.k.-Miniskript

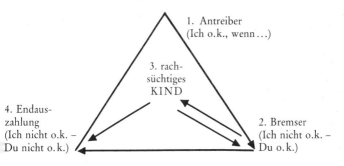

Über seinen theoretischen Wert hinaus finde ich das Miniskript recht nützlich, um den Teufelskreis aufzuzeigen, in den wir uns durch unsere Maschen, Einschärfungen (Bremser) und Gegeneinschärfungen (Antreiber) verstrickt haben, wie es Herr L. erlebte, der während eines Gruppentrainings längere Zeit bedrückt in seinem Stuhle hing, sich aber schließlich mit augenscheinlich großer Mühe stockend einbrachte: "Ich ... ich fühle mich immer so unfähig", und sah sich dabei scheu nach rechts und links um. – Diese Beobachtung nebst der Äußerung lassen schon seinen Bremser vermuten. Die folgenden Transaktionen sollten diesen Verdacht nur bestätigen:

Th: "Fühlst du dich jetzt im Augenblick auch unfähig?" (Es ist wesentlich wirkungsvoller, Gefühle im Hier und Jetzt zu behandeln als *über* sie zu palavern, um so mehr, wenn es sich um Gefühlsmaschen handelt, wie um diesen Bremser.)
L: "Ja."
Th: "Wozu?"
L: "Um mich in die Gruppe einzubringen und etwas für mich zu tun."
Th: "Das hast du doch aber gerade getan."
L: "Wieso? ... ach ja ... aber es hat mich genug Mühe gekostet." (= "Streng dich an"-Antreiber)
Th: "Wie fühlst du dich jetzt?"
L: "Ich weiß nicht ... ich bin verwirrt ..." (= Hilflosigkeit = Endauszahlung)

Herrn L. wird sein Miniskript aufgezeichnet mit dem Antreiber (1): "Streng dich an", dem Bremser (2): "Du bist unfähig", und der Endauszahlung (4): "Verwirrung". Dann wird ihm die Teufelsspirale gezeigt, indem die Folge 1–2–4 mit je ... desto gelesen wird: "Je mehr du dich anstrengst, desto unfähiger glaubst du zu sein, und je unfähiger du nach enormen Anstrengungen bist, desto verwirrter und hilfloser fühlst du dich. Um aus dieser Verwirrung herauszukommen, meinst du dich noch mehr anstrengen zu müssen ... und je mehr du dich anstrengst ..."

Das ganze findet also keinen Anfang und kein Ende mehr, ja mit jedem Durchlauf werden die Maschen des Skriptnetzes weiter zugezogen, womit du wieder ein Stückchen deiner Eigenständigkeit einbüßen mußt. "Und wie komme ich da raus?" ist die meistens prompt gestellte Frage.

Der Weg vom Nicht-o.k.-Miniskript zum o.k.-Miniskript zeigt dir eine Möglichkeit, wie du deine Eigenständigkeit wiedererlangen kannst, wenn du willst! Und das geht nur über Arbeit an den 4 Punkten. Beginnen wir an dem vierten: Als Endauszahlung stehen hier wie beim Ränkespiel die Gefühlsmaschen, die aufzudecken eine wichtige Aufgabe der TA ist, die nicht oft genug herausgestrichen werden kann. Diese Maschen hast du als Kind einmal gelernt. Damals hattest du noch keine Vergleichsmöglichkeiten, vielleicht brauchtest du die Maschen sogar zum Überleben, weswegen du ihnen eine ungeheure Macht, die schon ans Magische grenzt, zugeschrieben hast: „Wenn ich nur lange genug leidend (Märtyrer), einsam, traurig, schuldig, verzweifelt bin, dann werde ich eines Tages bestimmt meine Belohnung erhalten ... wird eines Tages der Lottogewinn, die richtige Horoskopaussage, der Weihnachtsmann, der Märchenprinz auch zu mir kommen, die anderen bestrafen, damit sie sehen, wie unrecht sie mir getan haben." Jetzt aber hast du ein besser arbeitendes und informiertes ER-Ich, mit dem du deine Unzulänglichkeit von früher erkennen und die Verantwortung für dich (dein Denken, dein Handeln, dein Fühlen) übernehmen kannst. In diesem Falle hieße das, deine Maschen entweder aus alter Gewohnheit weiter zu pflegen oder sie abzulehnen und verrotten zu lassen, damit du selber dich nicht mehr in ihnen verfängst und dich von ihnen lähmen läßt.

Das Verhalten deines Rachsüchtigen K (3) kannst du ablegen, wenn du die anderen ebenfalls als o. k. ansiehst. Damit wird dir dein K-Verhalten von früher (Warte nur, dir werd ich's schon zeigen) nicht mehr die gewünschte Befriedigung verschaffen (wie z. B. die Königin der Nacht angesichts des Reiches, in dem man die Rache nicht kennt, erfahren muß). Rache, Trotz, Triumph und das Besiegen anderer gehören ebenfalls zu ständig wiederkehrenden Gefühlsmaschen, die dein Nicht-o. k.-Skript fördern, dich damit zum Verlierer machen und dich deiner Spontaneität, Freude und deines schöpferischen Gestaltens berauben. Schau dir die EL-ER-getrübten Fanatiker an, die Wände mit Parolen beschmieren: Rache dem ... Rache für ... Sie fühlen sich bestimmt nicht glücklich. Wie auch die Zigeuner, die durch ihre Blutrache eine Kette endlosen Leids unterhalten. Aber sieh auch, wohin deine eigene Rachsucht dich führt.

Mit einem bejahenden, ungetrübten freien K kannst du dir wesentlich mehr deiner geheimsten Wünsche erfüllen.

Die Bremser (2) sind die frühesten Nicht-o. k.-Einschärfungen, die unsere Grundlebenshaltung, unsere Ränkespiele, unsere Maschen, eben kurz: unser Lebensmanuskript bestimmen. Sie lassen dich in bestimmten Augenblicken deines Tagesablaufs nicht o. k. fühlen (du bist dumm, unfähig, unwichtig, eine Niete usw.). Diese Einschärfungen konnten aber ihre Wirkung und ihre Macht über dich nur dadurch entfalten, weil du dich als Kind irgendwann einmal entschlossen hast, sie für dich anzunehmen und ihnen zu gehorchen. Mit deinem heutigen ER kannst du deine damaligen Beweggründe für die Annahme der Einschärfungen nicht mehr verstehen, weil du als rational denkender Mensch die Art und Weise, wie du als Kind gedacht und gefühlt hast, heute nicht mehr nachempfinden kannst.

Trotzdem hältst du immer noch an ihnen fest (aus Gewohnheit, Bequemlichkeit, Angst vor dem Neuen etc.)! Dein ER kann einsehen, daß diese alten Einschärfungen für dich heute keine Gültigkeit mehr besitzen, ja dir bei der Entfaltung deiner Eigenständigkeit nur hinderlich sind, sie bremsen, wie der Name so treffend sagt. Heute kannst du eine neue Entscheidung für dich treffen, nämlich diese Einschärfungen nicht mehr zu beachten. Dadurch bist du deine Bremser nicht plötzlich losgeworden (das anzunehmen wäre utopisch), jedoch kannst du sie wie ein ausgedientes Gleis stillegen und statt dessen dir einen neuen Weg zu dir selber bauen, indem du deinem K-Ich von deinem nährenden EL-Ich positive Botschaften und positive Zuwendung gibst. Du weißt nicht welche? Frag dein K nach seinen (= deinen) Wünschen und Bedürfnissen! –

Die Arbeit an den Positionen 2, 3 und 4 des Miniskripts ist natürlich nicht leicht und wird erschwert, solange sie noch durch die Antreiber behindert oder gar vereitelt wird. Glücklicherweise sind diese Antreiber wesentlich leichter therapeutisch angehbar. Und das aus zwei Gründen: erstens sind sie von ihrem Gehalt her verstandesmäßig leichter zu erkennen und damit abzuändern, da sie sich nicht auf der so ungeheur mächtigen Gefühlsebene der Einschärfungen und Maschen (also den Positionen 2–4) abspielen. Und zweitens sind sie als Gegeneinschärfungen bis zu zehn Jahren später über die weitaus weniger mächtige verbale EL-EL-Ebene der Skript-Matrix aufgenommen worden, sie beherbergen somit nicht mehr die magischen Kräfte, erscheinen wirklichkeitsbezogener und sind deswegen der ER-Arbeit zugänglicher.

Daher wird die Skript-Neuschreibung von den Antreibern aus einfacher. Zur Veranschaulichung stelle ich das Miniskript (Abb. 13) als kegelförmigen, treibenden Eisberg dar. Um diesen direkt anzugehen, bietet sich nur die Spitze (Antreiber) an, während die „restlichen" sechs Siebtel unter Wasser (der Tiefe der unterbewußten Gefühlswelt) verborgen liegen. Nun kann natürlich der Eisberg mit enormem Taucheraufwand „von unten" abgetragen werden. Wesentlich weniger Energie ist notwendig, um ihn von dem sich über Wasser anbietenden Siebtel langsam abzubauen, wodurch auch das zu Beginn der Arbeit am tiefsten sitzende Stück Eis (Position 4) irgendwann einmal (zumindest solange die Arbeit fortgesetzt wird) an die Oberfläche gelangen wird.

Was kannst du nun mit deinen Antreibern tun? Hier gilt das gleiche wie für die Bremser, nur ist die Ausführung wesentlich einfacher: Du kannst – wenn du willst – eine neue Entscheidung treffen, nämlich den Antreibergeboten nicht mehr in dem Maße zu gehorchen wie bisher, sondern sie durch Erlaubnis deines n-EL zu ersetzen. Im folgenden werden einige solcher Erlaubnismöglichkeiten *(Erlauber)* für die einzelnen Antreiber angeboten:

Anstelle deines „Sei perfekt"-Antreibers kannst du den Erlauber setzen: „Du darfst auch Fehler machen. Es ist o. k., einmal Mißerfolg zu haben. Dein K darf sich mal schmutzig machen." Damit brauchst du dir eigentlich nur das zu erlauben, was du ohnehin tust: jeder Mensch (ausnahmslos) macht Fehler und hat auch einmal Mißerfolg. Es ist menschenunmöglich, perfekt zu sein oder andere perfekt machen zu wollen. Durch diesen wirklichkeitsfremden Antreiber mit seinen unerfüllbaren Erwartungen an dich setzt du dein K ständigen Enttäuschungen aus, wodurch du es knechtest, und damit deine Gefühle vergewaltigst. – „Es ist o. k., menschlich zu sein. Du brauchst nicht immer Eindruck zu machen. Du darfst du selber sein."

Alle Menschen mit Prüfungsangst z. B. lähmen ihre Lern- und Denkfähigkeit vorwiegend durch ihren Perfekt-Antreiber, indem sie meinen, zur Prüfung alles wissen zu müssen. Jedoch beim Lernen stellen sie immer wieder neue Wissenslücken fest, die sie in ihrem Selbstwertgefühl erschüttern. Gehorchen die Betreffenden auch noch einem „Du-taugst-nichts-Bremser", dann geraten sie in panische Ängste mit ihren individuell so mannigfachen seelischen und körperlichen Ausdrucksformen. Um diesen entfliehen zu können, glauben die Prüfungskandidaten noch mehr Anstrengung und Perfektionismus aufweisen zu müssen. Indem sie auf ihren Antreiber zurückgreifen, schließen sie den oben beschriebenen Teufelskreis, dessen Auswegslosigkeit sie scheitern oder Hilfe von außen suchen läßt. – In der Praxis haben Studenten mit Examensängsten in wenigen Monaten gelernt, ihren Antreiber durch einen den Wünschen und Bedürfnissen ihres Ks entsprechenden Erlauber zu ersetzen. Vorausgesetzt, daß sie auf Grund eines vernünftigen Studiums auch einen gewissen Prüfungsstoff erarbeitet haben, gehen die meisten dieser Studenten mit dem gewissen „Mut zur Lücke" (der eben nicht auf Faulheit beruht) in ihr Examen, oft sogar mit der inneren Einstellung durchzufallen – und bestehen es. – (Die Parallele zu V. E. Frankls paradoxer Intention wird deutlich.)

Herr M., mit einem ausgeprägten Perfekt-Antreiber, soll als Beispiel für die Kritiker stehen: „Kann ich mir denn allen Quatsch und Blödsinn erlauben? Werde ich nicht durch Leistungsprinzip und Gesellschaft zu stetem Perfektionismus angetrieben?" Und er berichtet von einer Autofahrt unter einigen Promille, die er glaubte sich ausnahmsweise einmal erlauben zu können. Die Frage (zur Klärung, ob es sich bei ihm wirklich um eine Erlaubnis handelt), wie er sich nach dieser nicht folgenlos gebliebenen Fahrt fühlte, beantwortete Herr M. prompt mit: „natürlich saumäßig". Diesem Nicht-o.k.-Gefühl, das ihm als Masche nur allzu bekannt ist (Maschen sprechen für ein Nicht-o.k.-Miniskript), zeigte ihm deutlich, daß sein für das rachsüchtige K typische Verhalten („ich werd's euch zeigen, und wenn es mich und euch umbringt") mit Erlaubnis nichts zu tun hat. Vielmehr hat Herr M. mehrere Rabattbücher, in die er sorgfältig für jedes gehabte schlechte Gefühl eine psychologische Rabattmarke geklebt hat, eingetauscht, um einmal „schuldfrei" unter einigen Promille Auto fahren zu können, ein Unterfangen, das einem Mord oder Selbstmord kaum nachsteht. – „Aber indem ich mich so ins Auto gesetzt habe, habe ich mir doch Erlaubnis gegeben, einmal etwas zu tun, was ich sonst nie tue." – Das stimmt eben nicht! Deinen Antreiber durch einen Erlauber zu ersetzen hat einen aktiven datenverarbeitenden Prozeß deines ER zur Voraussetzung, der in einem neuen Entschluß deines ER gipfelt. Dieses ER sowie das mit der Ausführung des Neuentschlusses beauftragte EL werden aber durch erhöhten Alkoholgenuß ausgeschlossen, womit dein K nun völlig allein gelassen ist und dementsprechend ziellos herumhampelt. Von Erlaubnis kann also keine Rede sein. Aber selbst wenn deine Zurechnungsfähigkeit durch Alkohol (oder andere Drogen) nicht herabgesetzt ist und du dir „Erlaubnis" zu einem ähnlichen Akt der Rücksichtslosigkeit gibst, bleibst du weiterhin in deinem Verliererskript bzw. bestärkst dieses noch, da du von einer Verliererhaltung (ich o.k. – ihr nicht o.k. oder gar: ich nicht o.k. – ihr nicht o.k.) aus handelst. Mit anderen Worten: Als Gewinner kannst du dir für alle deine dir wichtigen Wünsche Erlaubnis geben, solange du keinem anderen damit schadest. –

Herr M. hat diese Zusammenhänge seines Pendelausschlages von einem Extrem in das andere sehr schnell erkannt und einige seiner ureigenen Wünsche angesteuert, die er sich von nun an erlauben will: in der Badewanne zu planschen und zu singen (auch wenn er das Badezimmer hinterher aufwischen muß) oder als Chef seiner Abteilung sich menschlicher zu zeigen, denn durch sein bisheriges, strenges, perfektes Verhalten ist er im Laufe der Zeit in seiner Stellung immer einsamer geworden (wie König Philipp in Don Carlos). Inwieweit er auf das damit verbundene Risiko der leichteren Verwundbarkeit eingehen kann, wird er in den nächsten Wochen abschätzen.

Meinen eigenen „Sei-perfekt"-Antreiber ersetze ich im Hinblick auf dieses Büchlein mit der Erlaubnis, auch einmal einen schwächeren Abschnitt oder einen ungeschickten Satzbau bei der zweiten Korrektur stehenzulassen, um nicht wieder das gesamte Kapitel umschreiben zu müssen. Bei jedem neuerlichen Durchlesen kommen mir mehr und mehr Ideen, wie ich dieses oder jenes noch besser, klarer oder verständlicher – eben perfekter – ausformen könnte. Also Schluß damit! Allen Lesern kann ich es ohnehin nicht recht machen. – Für mich ist es folglich o. k., wenn jemand gewisse Passagen mangelhaft bewertet. Für Verbesserungsvorschläge bin ich jederzeit dankbar.

Den „Beeil dich"-Antreiber, der dich ständig bedrängt, von dem Hier und Jetzt weg- und woandershin zu kommen, kannst du durch den Erlauber ersetzen: „Du darfst jetzt leben. Es ist o.k., dir Zeit zu nehmen. Du hast Zeit, das zu tun, was du tun möchtest... und du darfst es auch in Ruhe vollenden. Eile mit Weile." – Mit diesem neuen Erlauber hat schon mancher gehetzte Manager gelernt, wieder den Augenblick zu genießen, die unscheinbaren Kleinodien am Wegrand wahrzunehmen und zu bestaunen und dadurch eine ihm bisher nicht bekannte innerliche Ruhe zu gewinnen.

Für ein „Streng dich an" kannst du dir die Erlaubnis geben: „Es ist o.k., einmal Pause zu machen und es dennoch zu schaffen. Du darfst das beenden, was du gerade tust. Es ist o.k., es gut zu tun (ohne das erst durch enorme Anstrengungen rechtfertigen zu müssen). Du darfst Gewinner sein. Ich mag dich so, wie du eben bist. Spielen macht Spaß! Das Leben ist schön!" Durch Entmachten der „Streng dich an"- und „Beeil dich"-Antreiber können so mancher Herzinfarkt und Bluthochdruck sowie viele Magengeschwüre vermieden werden. Sollte dir an deiner Gesundheit trotzdem nichts liegen, so könntest du hiermit wenigstens mithelfen, die so heiß diskutierte Kostenexplosion im Gesundheitswesen zu bremsen!

Stehst du unter einem „Mach's mir recht", ist es für dich wichtig, zu erfahren, daß du deiner eigenen Urteilskraft vertrauen und für deine eigenen Bedürfnisse sorgen kannst. „Auch du bist liebenswert, und dein persönlicher Wert hängt nicht von dem Urteil anderer Leute ab. Du brauchst dich nicht für die Gefühle der anderen verantwortlich zu fühlen. Es ist o.k., die Verantwortung für deine eigenen Gefühle zu übernehmen. Du brauchst kein Satellit der anderen zu sein. Du darfst dich selber achten, du darfst du selber sein! Nimm dich, wie du bist!" – Als eigenständige, unabhängige Persönlichkeit lernst du, dich und die anderen wertvoller einzuschätzen als bisher. Du erfährst somit ein Selbstvertrauen, das dein Satellitendasein erübrigt. Um deinen Nächsten lieben zu können wie dich selbst, mußt du zunächst einmal dich selber lieben.

Dazu ist eine Portion *gesunder* Egoismus durchaus notwendig!

Das Gegenstück für den „Sei stark"-Antreiber ist der Erlauber: „Sei offen – dich selber zu spüren, Gefühle zu haben, und diese auch zu zeigen." Du darfst auch Schwächen haben, denn jeder Mensch hat sie. Du darfst dich als ganzen Menschen bejahen, du brauchst nicht erst Eindruck zu schinden – Es ist o.k., menschlich zu sein – auch in führenden Positionen.

Alle Menschen kennen wenigstens einen dieser Antreiber an sich selber. Ein Teilnehmer eines Marathon-Trainings fragte einmal: „Ich habe sie alle fünf, bin ich nun eigentlich besonders verrückt?" Mit Verrücktheit hat das gar nichts zu tun. Wie viele Antreiber du in welchem Maß auf dich wirken läßt und welche du durch Erlauber ersetzen willst, ist allein deine Entscheidung. – Folgende Tabelle stellt die fünf Antreiber und ihre möglichen Erlauber gegenüber:

Sei perfekt – Du darfst du selber sein
Beeil dich – Du darfst dir Zeit nehmen
Streng dich an – Du darfst es gelassener tun und vollenden
Mach's mir recht – Du darfst dich selber bejahen
Sei stark – Du darfst offen sein.

Ersetzt du also deinen Antreiber durch einen Erlauber, so entschärfst du indirekt damit deinen Bremser (Einschärfung). Befreit von deinem Leistungsdruck, wird es dir leichter fallen, z.B. ein „Ich tauge nichts" zu ersetzen durch ein „Ich bin ebensoviel wert wie die andern". Da du dich somit selbst von einer Nicht-o.k.-Haltung zu einer o.k.-Haltung beförderst, wird das positive Gegenstück zum Bremser *Förderer* genannt. Damit ist dem rachsüchtigen K der Nährboden für seine Rachegelüste und seinen Trotz entzogen, und dein K kann sich jetzt o.k. fühlen, positiv einschätzen und braucht die andern nicht mehr abzuwerten. Du verfügst dann über ein *bejahendes*, freies K. Mit einem solchen K brauchst du keine Gefühlsmaschen, wie Schuld, Verwirrung, Depression oder Ohnmacht, mehr aufrechtzuerhalten, sondern du kannst sie jetzt wesentlich einfacher durch echte positive Lebensgefühle ersetzen, wie z.B. Zufriedenheit, Glück, Freude, oder was immer für dich persönlich wichtig ist. Dann kann das Leben so schön sein, wie ich immer wieder an den strahlenden Gesichtern oder dem innerlichen Jauchzen der „Patienten" erkenne, die ihr (vertraglich festgelegtes) Ziel erreicht haben. – Mit diesem *Jauchzer* (musikalisch wunderbar ausgedrückt in dem Eingangschor des Weihnachtsoratoriums: Jauchzet, frohlocket!...) endet im Gegensatz zum *Nicht-o.k.*-Miniskript das

o.k.-Miniskript, das wir uns an Hand von Abb. 13 noch einmal in seinen vier Positionen anschauen wollen:
1. Der Antreiber wird entmachtet durch einen Erlauber: „Ich darf... es ist o.k., zu..."
2. Anstelle des Bremsers kann nun leichter ein Förderer treten: „Ich kann etwas, ich bin ebensoviel wert wie du, ich schätze meine Fähigkeiten..."
3. Das rachsüchtige K wird dadurch arbeitslos und wandelt sich zum bejahenden, freien K: „Mir macht es Spaß zu... das Leben ist schön, komm, mach mit, dann kann es noch schöner sein..."
4. Die Maschen der Endauszahlung müssen dem Jauchzer weichen, der das neue positive Lebensgefühl ausdrückt.

Alle vier Positionen gehen jetzt von der ersten Grundhaltung aus: Ich bin o.k. – Du bist o.k.! Jedes Miniskript ist ein Mini-Baustein in deinem Skript-Gebäude. Hast du einmal den neuen Entschluß gefaßt, dein altes, für dich heute ungültig gewordenes Skript neu zu erbauen, kannst du das mit den neu geformten o.k.-Ministeinen tun, indem du ein Nicht-o.k.-Miniskript nach dem anderen in ein o.k.-Miniskript überführst. Zu diesem Lernprozeß brauchst du Zeit (mehrere Monate) und intensive Arbeit. Diese besteht (wie alles Neue, das man für sich erlernen will) hauptsächlich in einem ständigen Üben des Neuen (was auch immer das für dich bedeuten mag), so wie du bisher auch all das, was zu deinem Nicht-o.k.-Skript gehört, dein ganzes Leben lang recht intensiv „geübt" hast. Und das sitzt, nicht wahr? – Trotz dieser Widerstände kannst du es schaffen, dein Skript zu ändern. Ich begeistere mich jedesmal aufs neue für das großartig-faszinierende Erlebnis, wenn sich auf dem Lebens-Feld zwischen Verlierern und Gewinnern Frösche in Prinzen und Prinzessinnen verwandeln, zu erkennen an bisher mißmutigen Gesichtern, die plötzlich aufstrahlen und jedes Froschgequake in Erstaunen umspringen lassen. – Die Arbeit allerdings mußt du selber tun; erwarte nicht von anderen, daß sie das für dich tun, was du selber tun kannst. – Viele K fantasieren zu Beginn von einem unüberwindlichen Berg oder einem unendlich langen Weg, wodurch sie ihr zur Arbeit so wichtiges ER trüben und blockieren. Auch der längste Weg beginnt mit dem ersten Schritt. – Es gibt keinen Schalter, durch dessen Umkippen du mit einem Klick ein anderer Mensch wirst. Jedoch bewegst du dich auf dem Weg vom Verlierer zum Gewinner in dem Maße, wie du deine Nicht-o.k.-Einschärfungen durch o.k.-Botschaften und negative Zuwendung durch positive Zuwendung ersetzt. Diese kannst du von anderen dir nahestehenden Menschen hören und annehmen. Du kannst sie dir auch eigenständig (autonom) selber von deinem nährenden EL-Ich aus geben. Dieses EL weiß am besten, welche Wünsche dein K hat und wie es dieses mit ER-Hilfe vor Enttäuschungen (Frustration) bewahren kann. – Selbstvertrauen heißt, im Besitze eines nährenden EL zu sein. – Du kannst dir selber ein besseres EL sein, als deine wirklichen Eltern es dir jemals waren!

TA in der Familie

Täglich höre ich von Menschen, die ihres Lebens überdrüssig sind (keine endogenen Depressionen), obgleich sie auf materiellem Gebiet alles haben, was sich ihr K nur wünschen könnte. Aber sie fühlen sich einsam: „Keiner kümmert sich um den anderen." Sie hungern nach Zuwendung, nach Innigkeit. Viele haben mittlerweile durch Eigeninitiative gelernt, ihren Hunger zu stillen. Manche haben sich entschlossen, lieber zu hungern als an sich zu arbeiten. Jeder von uns kann sich entscheiden. Wir brauchen nicht auf den Weihnachtsmann zu warten (z.B., daß sich „die Gesellschaft" ändert oder daß erwachsene Kinder ihren Eltern zuliebe noch einmal süße Babies werden). Wir können für uns etwas tun, hier und jetzt. Wir alle haben die Fähigkeit dazu in uns, wir brauchen sie nur zu erkennen und zu bejahen. Die Belohnung bleibt nicht aus, mehr Freude am Leben. Das Leben ist etwas Großartiges, Hochinteressantes, etwas, vor dem man Ehrfurcht haben sollte. Auch Pflanzen sind Lebewesen. Ein ausgewachsener Laubbaum z.B. produziert mit seinen Blättern aus Wasser und Kohlendioxid (also einem Abgas!) unter Einwirkung des Sonnenlichts so viel Sauerstoff, daß zehn Menschen davon leben können. Wie wenig Berufe gibt es doch zur Erhaltung des Lebens (gleichgültig, ob Mensch, Tier oder Pflanze) und wie viele dagegen, die es vernichten. *Kinder* können das natürlich nicht beurteilen. Sie haben ihren Spaß, wenn sie in einem Düsenjäger die Schallmauer durchbrechen, in einem Schnellboot die schäumenden Wogen des Meeres schneiden oder auf einem Panzer durch einen Wald preschen, daß die Bäume nur so zur Seite knicken. Das gibt dem *Kind* ein Gefühl der Überlegenheit, der Herrschaft über das Leben (Ich bin o.k. – Du bist nicht o.k.). Viele junge Männer denken sich nichts dabei, denn schon als kleine Jungen haben sie sich in ihrer Familie gerne mit Pistolen, Kanonen, Panzern und Gewehren als Spielzeug beschäftigt. Das knallt doch so schön, und die Helden in den Filmen zeichnen sich überhaupt erst durch so ein richtiges Schießeisen aus. Überall, wo Kinder spielen, kann man beobachten, wie sie völlig ahnungslos mit solchen Mordwaffen umzugehen lernen, und viele Eltern fördern das auch noch („der ist doch noch so klein und weiß doch nicht, was man mit so einer Pistole macht..."). Der Weg vom harmlosen Spiel zum bitteren Ernst ist nicht weit. Schon während der Schulzeit empfand ich immer einen gewissen Schmerz, wenn wir Schlachten und Kriege lernen, Kriegsberichte (Caesar) lesen und große Reiche (Rom) bewundern mußten, die sich auf Mord und Eroberung von Militärs begründeten. Und wie werden diese „Helden" noch verherrlicht (Napoleon)! Die erste Ausnahme scheint wirklich „der größte Feldherr aller Zeiten" zu sein. Wie wenig dagegen haben wir über die aufregenden Geheimnisse des Lebens erfahren. Vor etwas Unbekanntem kann man auch keine Ehrfurcht haben. „Das System" wird sich nie ändern, jeder von uns muß es tun. Dabei werden wir Fehler machen und Mißerfolge hinnehmen müssen. Diese werden leider von Verlierern wieder ganz für sich ausgeschlachtet. Ich fand es z. B. sehr interessant, über längere Zeit die Demonstrationen in Washington und Bonn beobachten zu können. Einige waren fanatisch, andere gut motiviert. Sie alle richteten sich irgendwie gegen demokratische Institutionen oder deren Versagern. Jedoch habe ich nicht eine Demonstration gegen die totalitären Staaten gesehen. Es fiel mir sogar eher eine gewisse stille Sympathie diesen gegenüber auf. Jedenfalls durften sie sich wesentlich mehr herausnehmen. – Ein System kann sich jedoch nicht ändern, wenn wir es nicht tun, denn es besteht letztlich aus vielen einzelnen Kleinstsystemen, den Familien, und damit aus uns allen selbst. Die Eintracht, das harmonische Zusammenleben in der Familie begründet den Frieden im Staat. Diese alte Erkenntnis glänzt z. B. in goldenen Lettern (Concordia Domi Foris Pax) an dem Lübecker Holstentor (auf dem 50.–DM-Schein zu erkennen). Jeder einzelne von uns kann sein Bestes für die Gemeinschaft, die Gesellschaft, den Staat, den Weltfrieden tun, indem er nicht auf ihm unzugängliche Systeme schimpft, sondern in seinem eigenen Bezugssystem (Familie, Freundeskreis, Beruf und Gemeindepolitik) sein Bestes tut, die Verantwortung für sich, sein Tun, Denken und Fühlen auf sich nimmt, und damit autonom handelt. So verstehe ich z. B. auch den oft diskutierten, nach EL klingenden kategorischen Imperativ Kants: „Handle so, daß die Maxime deines Handelns stets zur Norm einer allgemeinen Gesetzgebung dienen kann."

Jedes Neugeborene erfährt in seiner Familie die erste wichtige Beziehung zu anderen Menschen, zu seiner Umwelt und zu sich selbst. Während der ersten entscheidenden Lebensjahre (insbesondere dem ersten Jahr) erhält das Kind innerhalb der Familie die Grundbausteine für sein Lebensmanuskript, in dem die späteren Verhaltensweisen seiner zwischenmenschlichen Beziehungen verankert sind. Überwiegen darin die Einschärfungen, so kann das Kind ein Verlierer werden, wenn es sich mit seinem ER_1 dazu entscheidet. Überwiegt die Erlaubnis zur Selbstverwirklichung, wird es ein Prinz. Nichtgewinner gehören zu der Gruppe, die weit über die Hälfte der Bevölkerung unseres Kulturkreises ausmacht. – Es ist sehr zu begrüßen, daß diese einfache Grundtatsache der Kindererziehung allmählich in das Volksbewußtsein vordringt. Trotzdem werden auch heute, wo ungewollte Kinder kaum noch geboren werden bräuchten, Kinder im emotionalen Bereich vernachlässigt, wobei auf die Kindesmißhandlungen in diesem Rahmen nicht eingegangen werden kann. Es gibt genügend Väter, die meinen, Kindererziehung sei Sache der Mutter. Wenn sie abends müde von der Arbeit kommen, haben die Kinder ruhig zu sein, und die Frau hat den Herrn des Hauses zu verwöhnen. Und was beginnen sie in ihrer Freizeit, die Jahr für Jahr durch Arbeitszeitverkürzung zunimmt? Da ruft der Fußballplatz, oder es muß das Auto auf Hochglanz poliert werden. Aber für Kinder ist noch keine Zeit! Wie froh und dankbar sind Kinder, wenn sie sich mit ihren Eltern einmal austoben können, Hoppereiter spielen, Geschichten vorgelesen erhalten oder einmal durch die Natur strolchen und dabei deren Geheimnisse erklärt bekommen. Es gibt unzählige freudebringende Möglichkeiten. Dann können Kinder auch getrost einmal alleine bleiben und mit sich selber spielen und in dem Kinderreich ihrer Fantasie aufgehen, besonders wenn sie sich durch ein n-EL dabei beschützt fühlen.

Fällt dieses EL aber in die Extreme der übertriebenen Fürsorglichkeit (n-EL) bzw. meint es, seine Machtbefugnisse an diesen kleinen Geschöpfen ausagieren zu müssen (k-EL), entarten diese zu Marionetten oder Rebellen, was jedermann zu jeder Zeit an beliebiger Stelle beobachten kann: An einem nicht gerade menschenleeren Sandstrand buddelt ein zweijähriger Nackedei direkt am Wasser der Ostsee, das viele Meter hinaus schön warm und nicht mehr als knöcheltief ist. Da kommt plötzlich der Vater herbeigesprungen, reißt den Kleinen hoch, verhaut und schilt ihn. „Ich habe dir schon hundertmal gesagt, du sollst nicht alleine ans Wasser gehen!" Den Rest des Tages sitzt der Kleine „artig" neben dem elterlichen Strandkorb und schaut wehmütig nach dem nur wenige Schritte entfernten glitzernden Wasser, aus dem sich mit Sand so schöner Modder bereiten ließe. Oder: Da wird ein süßer, lebendiger Dreijähriger auf dem Spielplatz von seiner Mutter in etwa einstündigen Abständen mit der ständig gleichen Platte im Spielen unterbrochen: „Oliver" – keine Antwort: „Oli" – keine Antwort. Erst auf so lautes Rufen hin, daß es im gesamten Wohnbezirk deutlich vernommen wird, bequemt sich der Kleine, mit einem ärgerlichen „Joh" oder „Was ist denn (schon wieder)?" zu antworten. Im einschmeichelnden, aber immer noch in der gesamten Nachbarschaft deutlich vernehmbaren Ton fuhr die so besorgte Mutter fort: „Hast du Hunger?" oder „Bist du warm genug angezogen?" oder „Willst du nicht lieber Dreirad fahren?" Der kleine Mann warf dann prompt ein trotziges „Näh" zurück und wendete sich seinen Spielgefährten zu. Diese als persönliche Kränkung erfahrene Ablehnung vertrug das K der Mutter schlecht, und sofort schaltete sie auf ihre Machtbefugnisse um: „Oliver, komm sofort rauf!" Als auch das ohne Erfolg blieb, konnte sie ihre Ohnmacht nur noch in dem Ausruf zu verbergen suchen: „Na warte, Bürschchen, wenn Papa nach Hause kommt, dann kannst du aber was erleben..." Und wenn der Vater nach Hause kam und seine Ruhe wollte, passierte gar nichts. Oder er war ohnehin schon mit Wut geladen, so daß er diese an dem Sohn auslassen konnte, und alle drei sprangen im Drama-Dreieck umher.

Verzogene Kinder sind in der Schule nicht so einfach zum Lernen zu bewegen, denn die modernen Lehrer sollten ja keine Strafen mehr verteilen, sondern durch positive Zuwendung die Eigenständigkeit der Kinder fördern. Wie sie jedoch vor einer Klasse mit über dreißig Kindern unterrichten sollen, von denen viele uninteressiert und zu Ränkespielen geskriptet sind, da sie mit positiver Zuwendung gar nicht umzugehen vermögen, ist ihnen meistens nur von der Theorie her bekannt. Zudem meinen viele Eltern, daß die Lehrer dazu da sind, aus ihren Kindern etwas Ordentliches zu machen, will heißen, das von ihnen Versäumte oder nicht Erreichte nachzuholen. Gelingt das nicht, haben sie in den Lehrern Personen gefunden, denen sie leicht den schwarzen Peter zuschieben können. Werden diese Eltern wegen eines Vergehens ihres Sprößlings einmal in die Schule bestellt, glauben sie „schuldfrei" entrüstet sein zu dürfen: „Was? Mein Kind tut doch so etwas nicht..." Die Kinder selbst lernen sehr schnell, bei solchen Gelegenheiten mit ihrem „Kleinen Professor" Lehrer gegen Eltern (oder die Eltern untereinander) auszuspielen.

Glücklicherweise verhalten sich die meisten Eltern etwas erziehungsbewußter, und viele wollen ihren Kindern die modernste Erziehung zukommen lassen. Da laufend sehr viele und sehr unterschiedliche Bücher über dieses Fachgebiet zur Verfügung stehen, werden viele Eltern bald verwirrt. Sehr deutlich wurde das nach der Welle der sogenannten „antiautoritären Erziehung". Diese großartige Idee der Erziehung ist leider von den meisten Lesern mißverstanden worden, indem sie ihren Kindern die Freiheit ließen, die heute vielfach (vor allem von Verlierern) erstrebt wird, nämlich die Freiheit *von* jeglicher Verantwortung und Tradition im weitesten Sinne. Diese endet in Zügellosigkeit, da es zu den Eigenheiten eines K gehört, unmäßig zu werden, wenn die beiden anderen Ich-Zustände keine Grenzen, Maßstäbe und Werte setzen. Zur Freiheit eines Gewinners gehört im Gegensatz zur Zügellosigkeit Selbstbeherrschung, womit die Fähigkeit gemeint ist, sich in die Lebendigkeit der anderen hineinzuversetzen und ihre Rechte zu respektieren.

Viele Eltern versuchen, ihre Kinder statt mit seelischer Zuwendung mit materiellen Geschenken zufriedenzustellen. Sind Kinder aus irgendeinem Grunde zu Hause nicht gewünscht, erhalten sie Geld für Kino oder dergleichen. Zunächst scheinen sie darüber auch erfreut, und wenn nur darüber, einer drückenden Stimmung zu entkommen. Jedoch irgendwo verspüren viele einen leisen Schmerz als Antwort auf die Abwertung der eigenen Persönlichkeit („du bist jetzt überflüssig"). In die Studentenberatung kamen häufig junge Menschen mit Depressionen, die besonders zur Weihnachtszeit aufkamen, wenn die meisten Kommilitonen nach Hause fuhren und in ihnen „ein Gefühl der Verlassenheit hinterließen". Sie selber konnten oder wollten nicht nach Hause, da sie sich dort als nicht erwünscht fühlten. In ausnahmslos jeder Gruppenarbeit kommt irgendwann bei intensiver Auseinandersetzung mit den Eltern der vom *Kind*-Ich so schmerzlich empfundene Mangel an Verständnis und warmer, liebevoller Zuwendung zum Ausdruck. Über ein Zuviel an positiver unbedingter Zuwendung habe ich noch nie jemanden klagen gehört.

Dieses Gefühl für die Bedürfnisse des Kindes, das vielen Menschen verlorengegangen scheint, kann in seiner natürlichen Weise bei vielen Tiermüttern (z.B. Schwäne, Hunde, Katzen) beobachtet werden. Der Vorschlag, dies einmal zu beobachten, bewirkt bei den meisten durch widersprüchliche Information und Propaganda verunsicherten Ratsuchenden zunächst eine gewisse Befremdung oder Verwunderung; aber erstaunlicherweise merken sie sehr bald, daß es zunächst auf ein völlig natürliches Verhalten ankommt und daß sie selber ein n-EL besitzen. Und was ein solches n-EL tut und unterläßt, zeigt ihnen eine Katzenmutter sehr deutlich: Sie hat eine positive Haltung ihren Jungen gegenüber. Sie hat Zeit für sie, viel Zeit. Sie stillt. In dem für die Mutter-Kind-Beziehung so wichtigen Vorgang des Stillens spielt die alte Streitfrage, ob die Muttermilch besser oder schlechter ist als künstliche Nahrung, nur eine untergeordnete Rolle. Es gibt nur wenige medizinische Indikationen gegen ein Stillen! Aber viele Frauen vermeiden es aus Zeitmangel oder Eitelkeit. Weiterhin demonstriert die Katzenmutter sehr deutlich, wie geduldig sie die Kleinen säubert und ihnen körperliche Wärme und Schutz gewährt. Vor allem aber läßt sie sie spielen oder spielt mit ihnen zusammen. Sie beläßt den Kleinen ihre bald aufkommende unbändige Neugier und beschützt sie lediglich vor vermeintlicher Gefahr, dann allerdings auch in energischer Weise. Schließlich lehrt sie sie, in ihrem Katzenleben zurechtzukommen und selbständig zu werden.

So albern dieses Beispiel für viele auch klingen mag, es zeigt doch die traurige Tatsache, daß viele kluge und intelligente Menschen nicht mehr das zustande bringen, was eigentlich jedes Muttertier ohne Verstand nur mit dem Instinkt schafft, nämlich Kinder zu selbständigen Individuen heranzuziehen bzw. heranwachsen zu lassen. Wenn nur einige werdende Mütter (natürlich auch Väter!) diese so einfachen Grundtatsachen des Aufziehens nur zulassen könnten – denn in ihrem n-EL sind sie ja vorhanden –, dann gäbe es wesentlich weniger unglückliche Menschen. Dabei bedarf es bei den Eltern nur ein wenig Eigenarbeit und Selbstdisziplin, um die folgenden bekanntesten Grundstörungen der Eltern-Kind-Beziehung zu vermeiden (natürlich ein gesundes Kind vorausgesetzt, was glücklicherweise auch in den meisten Fällen zutrifft):

1. Trotz des heute zur Verfügung stehenden enormen Fortschritts auf dem Gebiet der Familienplanung werden weiterhin *ungewollte* Kinder geboren. Auch werden Kinder in die Welt gesetzt, um brüchige Ehen wieder zu kitten („wenn wir erst ein Kind haben, wird es schon wieder klappen...").
2. Die meisten Bestrafungen kommen nicht von einem gerechten EL oder ER, sondern aus dem Nicht-o.k.-*Kind* der Eltern, indem diese ihre eigene Unzulänglichkeit und den Ärger darüber an den Kindern auslassen (so entstehen die meisten Einschärfungen).
3. Wie alle Extreme, so sind auch übertriebene Verhaltensweisen von Eltern ungünstig für ihre Kinder, wie übermäßig kritische und übermäßig beschützende Eltern, überorganisierte (überperfekte) und völlig gleichgültige Eltern, unbeständige, wankelmütige und sich ständig in Konflikte stürzende Eltern sowie diejenigen, die ihre Kinder zum Zwecke der eigenen Bedürfnisbefriedigung aufziehen (z. B. um billige Diener, gefügige Partner für ihre Ränkespiele oder eine gute Altersversorgung zu haben).
4. Manche Kinder fühlen sich von ihren Eltern in den Problemen

ihres kleinen Herzens nicht ernst genommen, sondern verlacht. („Der Kleine badet sich heute mal wieder in seinem Weltschmerz.")
5. Um Kinder gefügig für bestimmte Situationen zu machen, werden ihnen schöne Versprechungen gemacht, die später nur selten gehalten werden. Damit wird u. a. die Grenzschwelle für Enttäuschungen (Frustrationsgrenze) herabgesetzt. („Wenn du nicht mehr böse zu Opa bist, kriegst du eine schöne Puppe.")
6. Familienmitglieder verkehren miteinander zu oft im Drama-Dreieck: Vater kommt vom Nachtdienst später zum Frühstück nach Hause, sein Töchterchen will ihn umarmen: „Aber Vati, du bist ja noch nicht rasiert." Sogleich nutzt die Mutter die Situation: „Dann komm zu mir, ich habe keine Stacheln." Oder ein Kind wird für eine Unart von der Mutter (Verfolger) geschlagen. Später kommt der Vater und will auch noch einmal zuschlagen. Da wechselt die Mutter plötzlich zum Retter: „Du sollst den Jungen nicht dauernd schlagen." Womit nun der Vater seinerseits in die Opferrolle gedrängt wird.

Die Erziehungsmethode gibt es noch nicht, und es ist auch gar nicht so wichtig, perfekt sein zu wollen. Kinder vertragen schon einige Fehler, besonders wenn die Eltern diese auch vor den Kindern eingestehen und nicht einfach kraft ihres autoritären Amtes darauf beharren, daß „das eben so ist, basta!". Es gibt glücklicherweise viele harmonische Familien, in denen Kinder gut aufwachsen. Solche Familien sind in jeder Nachbarschaft zu finden, und bestimmt werden sie niemanden achtkantig vor die Türe setzen, der sich bei ihnen einen Rat holen möchte. Außerdem finden sich immer mehr Familien zu Selbsthilfegruppen zusammen. Ebenso kann jeder mit seinem ER gut und schlecht funktionierende Familien im Alltag beobachten, sei es im Kaufladen, in der Bahn, in der Sauna, auf der Rodelbahn oder in der Kirche, und sich dann entscheiden, ob er auch so handeln würde oder nicht und warum und was er anders machen würde. Ein durchaus nachahmenswertes Beispiel konnte ich auf einem stark begangenen Wanderweg beobachten, als drei lebhafte Kinder zwischen fünf und dreizehn Jahren eine herumliegende Flasche auf einen Stein stellten und diese nun mit Steinen zu treffen versuchten. Als die Eltern hinzukamen, gab der Vater nach einigen scherzenden Bemerkungen die ruhige aber bestimmte Anweisung, daß sie hinterher die Scherben wegräumen müssen, da diese eine Unfallgefahr für andere sein können und auch die schöne Umgebung verunstalten. Die Kinder ballerten also eifrig darauf los und jauchzten über jeden Treffer und die klirrenden Scherben. Wenn andere

Passanten kamen, gebot der Vater den Kindern „Feuerpause", bis er schließlich allgemein zum Weitergehen anregte. Als die Kinder von dannen toben wollten, ermahnte er sie noch einmal an die Vereinbarung. Die Kinder räumten auch ohne Widerworte die Scherben weg, ohne dadurch ihre Spielstimmung zu verlieren, denn bald sprangen sie lachend und singend davon.

An diesem Beispiel wird sehr schön verdeutlicht, wie das f-K Erlaubnis zum Spielen erhält von einem wohlmeinenden n-EL, das aber zugleich einen bestimmten Rahmen setzt zur eigenen Sicherheit und der der anderen, und das auch vernünftig und verständlich begründet. Außerdem bleibt es standhaft und bestimmend, wenn der „Kleine Professor" den Rahmen zu durchbrechen sucht. Diese Art der Lenkung kann jedes Kind verstehen, ohne sich dadurch in seinem Spiel eingeschränkt zu fühlen. Das allerdings würde dann eintreten, wenn die Einlenkung von einem kritischen EL käme („Kannst du wieder nicht hören? Ich habe dir doch gesagt, du sollst aufhören. Na warte, das war das letzte Mal, daß wir dich mitgenommen haben ... etc."). Und nächstes Mal trotten sie doch wieder gemeinsam los, bis das Spielchen wieder von vorne beginnt. – Beispiele und Kommentare ließen sich beliebig fortsetzen, doch auch mein f-K muß in seiner Begeisterung von meinem n-EL gebremst werden, um den Rahmen dieses Bändchens einzuhalten. Abschließend soll noch einmal die so wichtige Entwicklung mit ihren möglichen Ansätzen zu Störungen des Kindes im Zusammenhang gebracht werden:

Für sein Überleben ist das Neugeborene völlig abhängig von seiner Umgebung. Seine Bewegungen sind mechanisch reflektorisch. Die einzige Möglichkeit, seine Bedürfnisse mitzuteilen, ist sein Schreien, und selbst darin hängt es von der Fähigkeit anderer ab, dieses Schreien zu deuten. In den ersten drei Lebensmonaten lernt das Kind, die Gefühle von Wohlbefinden und Unbehaglichkeit kennen und zu unterscheiden, und beginnt, sein Verhalten (z.B. Schreien, Lächeln, Strampeln) auf diese Gefühle hin auszurichten, um seine Bedürfnisse irgendwie befriedigt zu erhalten.

Im dritten Monat beginnt das Kind, Grenzen zwischen sich und jemand anderem zu erfahren, und bis zum achten Monat weiß es, daß seine Mutter kein verlängerter Teil von ihm ist, sondern daß sie eine andere Person darstellt, die es verlassen kann. Es mag dann recht aufgebracht reagieren und will vielleicht nur von der Mutter gefüttert werden. – Mit sechs Monaten beginnt es, seine Welt zu erkunden und all der unterschiedlichen, aufregenden Dinge gewahr zu werden, die so fremdartig aussehen, riechen und sich anfühlen, wenn es nach ihnen greift. Das Kind, dem erlaubt ist, neugierig zu sein und seine faszinierende Welt zu erkunden, wird die schöpferische Fähigkeit, Spontaneität und Einfühlsamkeit seines „Kleinen Professors" gut entfalten, was wir als eines der wichtigsten Persönlichkeitsmerkmale wiederholt kennengelernt haben. Das forschende Kind wird sich seiner eigenen Gefühle zunehmend bewußter und des Ausmaßes, in dem es seine Umgebung zu beherrschen oder nicht zu beherrschen vermag. – Werden diese frühen Bedürfnisse nicht befriedigt, wird das Kind nicht lernen, anderen zu trauen und seine eigenen Bedürfnisse zu erkennen, geschweige denn ganz, sie zu erfüllen. Ist diese Störung sehr erheblich, wird sich das Kind nicht unabhängig von anderen wahrnehmen können.

In diesem Zeitraum beginnt das erste vor-logische Denken (auf dem z. B. die Skriptentscheidung und die Lebensgrundhaltung beruhen) und ein großer Teil des bedingten, angepaßten Verhaltens. Ein Kind in diesem Alter zu bestrafen ist unvernünftig, wenn die Erwartungen auf logisch aufgebaute Lernziele ausgerichtet sind. Denn es kann noch keine Erwachsenenlogik verstehen, ebensowenig wie wir heutzutage unsere damalige Kinderlogik nachvollziehen können, mit der wir unsere Skriptentscheidung getroffen haben.

Die ersten drei Jahre sind weiterhin von Wichtigkeit, um dem Kinde seine Geschlechtsrolle zukommen zu lassen, daß also Jungen als Jungen und Mädchen als Mädchen anerkannt werden. Kinder dieses Alters fühlen intuitiv, ob sie in ihrem natürlichen Geschlecht von Vater und Mutter angenommen sind oder nicht, und treffen daraufhin ihre entsprechende weittragende Entscheidung.

In der Zeit zwischen zwei und drei Jahren lernt das Kind, sich in seiner Umwelt zurechtzufinden und selbständig zu werden. Dabei erfährt es, daß sich die Welt nicht um sein kleines Leben dreht, sondern daß es soziale Erwartungen zu erfüllen hat, damit es von anderen Menschen freundlich behandelt wird, und daß diese anderen ihrerseits Bedürfnisse haben, denen es Rechnung zu tragen hat. Zu Beginn dieses Stadiums kann es negativ und wütend reagieren und mit seinen Eltern streiten, wenn es spürt, daß seine Gefühle sich von denen der anderen unterscheiden. Der Machtkampf wird oft um die Sauberkeitserziehung in aller Härte ausgefochten. Hat das Kind jedoch gelernt zu vertrauen, werden diese Konflikte nur gering ausfallen, es sei denn, die Eltern haben ihrerseits Probleme auf diesem Gebiet.

Seelische Störungen können sich entwickeln, wenn Eltern zu hohe oder zu geringe Anforderungen an das Kind stellen. Im ersten Fall wird das Kind dazu neigen, sich übermäßig anzupassen und sein

Selbstwertgefühl sowie die Fähigkeit, sich selber und seine Umwelt zu kontrollieren, anzuzweifeln. Im zweiten Fall wird sich das Kind als Mittelpunkt des Universums sehen, ohne sich den sozialen Anforderungen anpassen zu können. Dieses Kind ist wirklich zu mächtig in seiner Welt, besonders wenn es diejenigen beherrscht, die ihm zur Selbstbeherrschung verhelfen wollten. Es mag einerseits recht furchtsam erscheinen, andererseits aber auch aufschneiderisch und haltlos, wenn seine Erzieher die Verantwortung, es zu kontrollieren, ablehnen.

Das Kind, das solche Konflikte erfolgreich löst, wird auch fähig sein, sich *vernünftigen* Forderungen und Erwartungen von Autoritätspersonen anzupassen. In dem Lernprozeß, wie es diese Erwartungen erfüllen kann, wird es die Fähigkeit entwickeln, eigene Angelegenheiten vernünftig zu durchdenken und auszuwerten, also einen gut funktionierenden ER-Computer zu entwickeln. Personen, die diese Probleme nicht gelöst haben, können streitsüchtig und negativistisch werden und beim Denken erhebliche Schwierigkeiten haben. Sie würden z. B. auch später noch unbedingt darauf bestehen, das zu bekommen, was sie unbedingt gerade zu diesem Zeitpunkt haben wollen.

Das Dreijährige versucht seiner Welt einen Rahmen zu geben, der eine gewisse Ordnung schafft. Es beginnt mit anderen zu spielen und lernt dabei die ersten zwischenmenschlichen Beziehungen aufzubauen. Es bedarf nicht mehr der Aufsicht wie noch vor einem halben Jahr, seine Körperfunktionen erscheinen weitgehend koordiniert.

Das vierjährige Kind erfährt zum ersten Male, daß die Welt nicht so schön und ordentlich ist, sondern aus vielen Versuchungen besteht. Es erfährt die unterschiedlichsten Gefühle, einschließlich sexuelle, und ist sehr versucht, diese auszuagieren (z. B. Stehlen, Sich-Prügeln, Schwindeln). Oft hat es nicht genügend Selbstkontrolle entwickelt, um mit dem Gesehenen und Gefühlten umgehen zu können. Es lauscht gespannt den aufregenden Geschichten seiner Eltern oder anderer Leute, die von angsteinflößenden Gestalten berichten, die ,,schlechten" Kindern Böses antun, was das Kind in eigener Ängstlichkeit oder in Alpträumen verarbeitet. Es besitzt jetzt auch ein Gedächtnis und kann selber Geschichten erzählen und fantasieren, obgleich sein Denken noch recht magisch ausgeprägt ist. Vor allem aber beginnt es jetzt, seine eigenen Spiel-Aktivitäten zu entwickeln. Es bedarf nicht länger der Planung anderer, sondern seine eigenen Ideen sprudeln nur so hervor, mit denen es sich seine schillernde Kinderwelt aufbaut und ausmalt. Wie schön diese für uns gewesen sein muß, können wir in enttäuschender Weise an uns selber erfahren, wenn wir unsere einst so heiß geliebten bunten Kinderbücher, Puppen, Stofftiere, anderes Spielzeug oder unsere ehemaligen Kinderspielplätze nach langen Jahren mit unseren *ERWACHSENEN*-Sinnen wiedersehen. Eine meist erschreckende Ernüchterung unserer einstigen Zauberwelt läßt uns dann wehmütig in ein verlorenes Paradies zurückversinken ... – (Als Trost sei hier eingefügt, daß der gleiche seelische Vorgang – nämlich das nüchtern-sachliche Betrachten unserer in unserer Erinnerung so verbrämt haftengebliebenen Kinderwelt, nur mit umgekehrten Vorzeichen, uns helfen kann, unser Skript zu entmachten, indem wir zu unserer Erleichterung erkennen können, daß die damaligen Entscheidungen für unsere Gefühlsmaschen und Ränkespiele heute keine Bedeutung mehr haben, sondern uns nur behindern.)

Ob das 5jährige Kind seine Eigenaktivitäten in Fragen und Spielen weiterhin fördern wird oder sie aufgibt (und wieder fragt: „Mammi, was soll ich jetzt tun?") oder sie in seiner geheimen Fantasiewelt erfährt, das hängt weitgehend davon ab, wie die Eltern auf die Eigeninitiative des Kindes reagieren.

In der Latenzperiode zwischen sechs und zwölf Jahren ist das Kind besonders am Herstellen von eigenen Dingen (Basteln, Bauen, Kochen, Malen, Stricken etc.) interessiert. Wird es dafür gelobt und weiterhin ermutigt, werden sein Gespür, etwas zu vollbringen, und sein Selbstwertgefühl wachsen. Wenn die Eltern aber nur den Dreck sehen („Was machst du schon wieder für eine Schweinerei!"), seine Bemühungen und Fähigkeiten abwerten oder ihm nicht erlauben, seine Werke zu vollenden, werden seine schöpferischen Fähigkeiten verkümmern, und es kann zu dem Glauben gelangen, minderwertig zu sein.

Das Kind verbringt jetzt weniger Zeit innerhalb der Familie, sondern erfährt neue Eindrücke durch Spielgefährten und Schule. Somit kann ein Kind, das sich durch seine perfektionistischen Eltern minderwertig fühlt, jetzt in der Schule positiv bestärkt werden für das, was es tut, und umgekehrt. Obgleich es immer noch die *ELTERN*-Botschaft in seinem Kopf trägt, daß seine Leistungen nicht gut genug sind, so ergänzen seine guten Erfahrungen in der Schule sein sich entwickelndes *ELTERN*-Ich mit neuen positiven „Tonbandaufnahmen". Das Kind benutzt jetzt sein ER und sein EL des öfteren. – Mit neun oder zehn Jahren beginnt es, auch seine Welt mehr vom EL aus zu regieren, indem es sehr bestimmend auf Freunde und Geschwister einredet und jedermann vorschreiben will, was er zu tun hat („Vati, so etwas kannst du doch nicht machen"). Es verbringt viel Zeit mit gleichgeschlechtlichen Freunden, mit denen es sich oft durch starke Bande verbunden fühlt. Es widmet sich auch dem gleichgeschlechtlichen Elternteil, um seine eigene Geschlechtsrolle zu bestärken. „Unter Männern" bzw. „unter Frauen" wird dann so manche geheime Information ausgetauscht. – Leider wird ihnen gerade auf dem Sexualgebiet trotz der modernen, teilweise recht brutalen Aufklärung und Enttabuisierung noch viel Unsinn beigebracht, der besonders bei der Monatsblutung an Spökenkiekerei grenzt. So wurde z.B. einer elfjährigen Akademikertochter beigebracht, daß sie sich an diesen Tag „unpäßlich" zu fühlen habe und daß diese dazu eingerichtet seien, um wenigstens dann einmal Ruhe vor der ständigen Zudringlichkeit der Männer zu haben. (Nebenfrage: Wie sieht das entsprechende Skript der Mutter aus?) Auch spukt vielerorts noch das Märchen von der „Blutreinigung" in diesem Zusammenhang umher. – Dabei ist der gesamte Vorgang so einfach wie eigentlich alles Großartige in der Natur (obschon der hormonelle Regelmechanismus höchst kompliziert wirkt), daß auch schon zehnjährige Kinder ihn gut verstehen können. Jedes Einfließen von Emotionen kommt nur von dem K, EL oder einem getrübten ER, worin die Gefahr verborgen liegt, daß das sich gerade entwickelnde ER dieses Kindes in diesem Punkt ebenfalls getrübt werden kann.

Weiterhin braucht das Kind der Latenzperiode die Erlaubnis, seine den elterlichen Forderungen widersprechenden Empfindungen äußern zu dürfen, und es bedarf vernünftiger Begründungen für solche Forderungen. Das Kind wird zunehmend verantwortlich für sich selber und bestimmte Aufgaben, und die Eltern sollten diese Verantwortung auch wahrnehmen. Das Kind, das sein *ELTERN*-Ich zu gebrauchen beginnt, mag zunächst den Eindruck erwecken, als wüßte es genau, was es will und wie es mit seiner Umgebung umzugehen hat, doch bedarf es noch einer äußeren elterlichen Gestaltung, Führung und Bestimmung sicherer Abgrenzungen, innerhalb derer sich seine Experimente und sein Wachstum ungestört entfalten können.

Die Zeit des Jugendlichen zwischen zwölf und achtzehn Jahren ist durch beträchtliche Wandlungen auf körperlichem und seelischem Gebiet gekennzeichnet. Er benötigt Information darüber, was mit ihm jetzt geschieht, und vernünftige elterliche Beratung über sein sexuelles Verhalten. Seine Stimmungen und Meinungen wechseln wie das Wetter. Die Hauptaufgabe dieser Zeit besteht in dem Erwerben eines Gespürs für seine Ich-Identität. „Wer bin ich?" – „Wohin geht mein Weg?" sind die von seinem jetzt voll funktionierendem ER gestellte Fragen. Das ER beginnt Vergangenheit und Gegenwart zu verknüpfen, um daraus Entscheidungen für die Zukunft ableiten zu können. Der Jugendliche trachtet danach, sich von den Eltern unabhängig zu machen, indem er lernt, seine Bedürfnisse auch außerhalb der Familie erfüllt zu erhalten. Dieser normale Ablösungsvorgang sollte von den Eltern nicht durch Mißbrauch ihrer unbegründeten Machtbefugnisse einerseits oder Ausspielen neurotischer Mechanismen (Gefühlsmaschen, Ränkespiele) andererseits vereitelt werden. („Ich ängstige mich zu Tode, wenn du nicht bis zehn Uhr anrufst!") Dadurch wird die ohnehin starke Neigung des Jugendlichen zum Widerspruch nur noch verstärkt, oder die „Kinder" werden niemals selbständig, wie z. B. die „Mamasöhnchen", die mit vierzig Jahren noch ihre Mutter bei jeder Kleinigkeit um Rat fragen müssen, oder die Töchter, die ohne Mutter nicht verreisen können, da sie ihr „schlechtes Gewissen" plagt (die Mutter ist immer dabei!). Sind sie aber zusammen, kann Zank und Streit beinahe als „normaler" Dauerzustand für diese Beziehungen angesehen werden.

Eltern, die es nicht geschafft haben, ihren Kindern bis zur Pubertät eine vernünftige Erziehung mitzugeben, schaffen es jetzt (ohne Fachberatung) kaum mehr. – Haben sie aber ihr Bestes für die Kinder getan, werden sie auch die jetzige zweifellos schwierige Phase gemeinsam meistern, insbesondere, wenn sie die Aufsässigkeit der halbwüchsigen Kinder nicht als gegen sich persönlich gerichtet ansehen, sondern als einen normalen Entwicklungsvorgang des heranwachsenden Menschen. Diese seelische Pubertät, die der körperlichen einige Jahre nachsteht, ist eben gekennzeichnet durch eine „Umwertung der Werte" (Nietzsche). Wenn das Benehmen nicht tragbar erscheint, sollten dem Jugendlichen die Gründe dafür vernünftig dargelegt werden. Eltern sollten ihm erlauben, seine eigenen Entscheidungen zu treffen, für die er dann auch volle Verantwortung zu tragen hat. Wenn nötig, sollten sie aber auch fest ihren Standpunkt beibehalten (was nichts mit Starrköpfigkeit zu tun hat) und ihm einen festen Rahmen stecken. – Ein gesunder Jugendlicher ist in der Lage, seine Eltern als Menschen zu unterscheiden, die ihre eigenen Ich-Zustände, Wertsysteme, Gedanken und Erinnerungen, Bedürfnisse und Gefühle haben. – Dann wird auch der eines Tages kommende Zeitpunkt des Abschieds leichter zu ertragen sein und braucht keineswegs zu einem dramatischen Machtkampf der im Drama-Dreieck umherspringenden feindseligen Parteien auszuarten, aus dem schließlich nur Verlierer hervorgehen. Dieser Ärger kann in Familien, in denen es nicht erlaubt ist, „wahre" Gefühle zu zeigen, ein Ersatzgefühl (z. B. für Trauer oder Schmerz) darstellen. – Die Trennung von ihren Kindern ist für die Eltern – wie eigentlich jeder Abschied – mit Wehmut und Schmerz verbunden, die von alleinstehenden Elternteilen besonders intensiv empfunden werden. Wenn beide Teile diese Gefühle voreinander nicht zu verbergen brauchen, empfinden sie die Trennung nicht als absolut endgültig. Dann kommen die „Kinder" später gerne zu ihren Eltern zu Besuch, denn sie wissen, daß sie nicht zum Bleiben gezwungen werden, sondern sich frei bewegen können, daß sie sich auch über gegensätzliche Meinungen unterhalten können und sie nicht als „kleine Kinder" abgewertet werden. Dann fragen sie auch einmal gerne die Älteren um Rat und Beistand. – Auf dieser Ebene können neue, ebenso fruchtbringende zwischenmenschliche Beziehungen entstehen, wenn aus dem ehemaligen Eltern-Kind-Verhältnis eine Partnerschaft gleichwertiger und eigenständiger Menschen geworden ist.

Wenn die *Be*ziehung in einer familiären Kleingruppe in Ordnung ist, ist die *Er*ziehung ein untergeordnetes Problem. Von Erziehung aber wird heute mehr Aufsehens gemacht denn je, mit dem Resultat, daß Schüler, Eltern und viele Lehrer verwirrt werden ob des ganzen Durcheinanders z. B. in den derzeitigen Schulumstrukturierungen: Von den Beziehungen spricht kaum jemand. Diese sind jedoch das Wichtigste für körperliche, geistige und seelische Gesundheit eines Heranwachsenden. –

Erziehung ist nicht nur Vermitteln von Wissensstoff, Züchtigung oder Gewährenlassen aller grillenhaften Launen, sondern (mit Pestalozzis schlichten Worten) Vorbild und Liebe.

TA in der Ehe

In der gesamten Literatur jedweden Gütegrades wird kein Thema so häufig behandelt wie das der Beziehung zwischen den Geschlechtern. Bei den Darstellungen werden die Charakteristika des EL und des ER durch die des K weit übertroffen (Leidenschaft, Schmach, Glückseligkeit, Sehnsucht, Haß und Verzweiflung), also die Gefühle, die alle großen Dichter zu ihrer Ausgestaltung reizten. Es lassen sich auch bestimmte (oft schon klischeehaft anmutende) Regelmäßigkeiten beobachten, nach denen die Bekanntschaften entstehen. Die häufigste sieht etwa so aus: Er (sein K) ist von ihrer Schönheit fasziniert und versucht eifrig mit ihr irgendwie in Kontakt zu kommen, indem er alles versucht, sich von seiner besten Seite zu zeigen und ihr alles so recht als möglich zu machen. Sie bemerkt das bald, ihr K fühlt sich geschmeichelt, doch von ihrem EL aus darf sie ihre Gefühle noch nicht zeigen und spielt zunächst die Gleichgültige. Allmählich bricht der scheinbare Widerstand, und schließlich finden zwei K in zärtlichen Umarmungen und Küssen zueinander. In diesem Vollrausch wird die Hochzeit beschlossen und oft auch durchgeführt (also K übernimmt ER-Funktion). Doch bald tritt die erste Störung auf, und einer (oder beide) schaltet auch einmal seine übrigen Ich-Zustände ein und sieht den Partner plötzlich in einem anderen Licht (das berühmte „Erwachen"). Gegenseitige Enttäuschung und Vorwürfe gipfeln bald in Streit und Zank, und schlechte Gefühle des Gekränkt- oder Beleidigt-Seins bleiben zurück. – Von hier aus gibt es im allgemeinen drei Wege weiter: der häufigste besteht aus Bruch, Trennung oder Scheidung. Der seltenere führt zur Versöhnung und zur Stabilisierung der Partnerschaft. Die dritte Gruppe empfindet die durch Streitereien und entsprechende Ränkespiele erhaltene negative Zuwendung immer noch besser als Einsamkeit, so bleiben die Partner formal zusammen – aus Angst vor dem Alleinsein.

Dabei verzichten sie auf jede Chance, Innigkeit zu erleben; sie verdrängen diese, indem sie sie belächeln oder verspotten, doch irgendwie tief drinnen spürt ihr K doch jene allen Menschen eigenen, geheimen Wünsche nach Zärtlichkeit und Liebe, und sie lesen heimlich Liebesgeschichten. Geschäftstüchtige Produzenten von Groschenromanen zielen daraufhin und stoßen bei diesen Menschen (unabhängig von ihrer sozialen Schicht) auf gute Kunden, und das ohne gedeckte Transaktionen.

Die oberflächlichen Gesichtspunkte der Partnerwahl kehren auch immer wieder. An erster Stelle steht meist das Aussehen („dies Bildnis ist bezaubernd schön..."), gutaussehende Menschen brauchen sich über Mangel an Bekanntschaft nicht zu beklagen. Das ist somit verständlich. Jedoch die Kluft zwischen Schönheit und Häßlichkeit wird noch durch eine den meisten nicht bewußte Tatsache vertieft: Irgendwann in unserer Kindheit haben wir z.B. anhand von Märchen gelernt, schöne Menschen mit gut und klug, dagegen weniger schöne mit schlecht und/oder dumm gleichzusetzen. Dieses „Märchengesetz" – schön = gut – kann nur durch magische Gewalt gebrochen werden, indem schöne Prinzen und Prinzessinnen durch einen Fluch zu häßlichen Kobolden, Fröschen oder Hexen verzaubert werden (so wie der Fluch des Skripts Gewinner zu Verlierern werden läßt). Eine Erlösung ist wiederum nur durch Zauber möglich. Dieses magische Denken ist mehr oder minder in uns allen vorhanden, und viele Verlierer warten noch heute auf ihre Erlösung.

Diese Idealisierung der anatomischen Schönheit wird sehr emsig betrieben, z.B. durch Filmstars, die, ohnehin bereits gut aussehend, sich noch mehreren Schönheitsoperationen unterziehen müssen, ehe sie eine „edle Charakterrolle" spielen dürfen. Ihre Verehrer setzen wiederum Schönheit gleich einem idealen Charakter. Und die Wirklichkeit? Die kann sich jeder durch einen einfachen Enttrübungsprozeß seines ER vor Augen führen. – In diesem Zusammenhang finde ich bei der heutigen Jugend bemerkenswert, daß manche (besonders Mädchen) die dem Bedürfnis nach äußerer Schönheit entstammende Putzsucht und den jahrelang so hochgespielten „Sex-Appeal" fallenlassen und sich mehr uniform und schlaksig kleiden (so daß die Geschlechter oft nicht auseinanderzuhalten sind).

Was aus der äußeren Schönheit jener Tage der Verliebtheit im Laufe der Ehe häufig wird, zeigen folgende wörtliche Protokolle: „Seit Jahren habe ich von dir keinen Blumenstrauß mehr gekriegt, und früher konnte ich mich vor roten Rosen kaum retten." – „Vor der Ehe da war das noch schön, da war er Kavalier, hat sich um mich bemüht, war mir behilflich auf Schritt und Tritt und heute? ... Ach jemineh, da sitzt er – wenn er überhaupt zu Hause ist – vorm Flimmerkasten oder verkriecht sich hinter der Zeitung, und wehe, ich wage dann mal was zu sagen! Ach ne, hätte mir das damals einer gesagt... da hätte ich lieber den X oder den Y genommen, Auswahl hatte ich genug." – „Bis zu unserer Hochzeit, da sahst du immer so hübsch aus, wenn wir uns trafen, ich hatte meinen Spaß und Stolz, dich meinen Freunden und Kollegen vorzustellen. Und ich war immer so froh, dich ansehen zu dürfen. Aber heute kann es einem ja hochkommen, wenn du morgens, ach, was sage ich, mittags aufstehst und umherschlurfst, deine Lockenwickler den ganzen Tag eingedreht hast. Und wie die Wohnung aussieht, davon sprechen wir gar nicht erst. Jedenfalls hast du mich ganz schön reingelegt." „Früher war sie so richtig sexy, aber heute darf ich nicht mal mehr an sie ran." „Von Zärtlichkeit keine Spur mehr, du holst dir, was du brauchst, notfalls unter Berufung auf das Recht zum ehelichen Vollzug, dann drehst du dich rum wie ein Nilpferd und schnarchst, und ich kann sehen, wo ich mit meinen Gefühlen bleibe... So habe ich mir die Ehe nicht vorgestellt."

In diesen alltäglichen Eheklagen liegen einige Grundstörungen der Partnerbeziehung versteckt, wie: Abwerten des Partners und gemeinsamer positiver Erlebnisse. Zuschieben der „Schuld" an der jetzigen Misere von sich weg auf den Partner (Projektion). Ablehnen der Eigenverantwortung. Scheinbare Unfähigkeit, eigene Wünsche zu äußern. Mangelhafte Information über ein ständiges Zusammenleben mit dem Partner. Das Projizieren von Liebesfantasien auf frühere (seinerzeit vielleicht abgelehnte) Partner. Angst vor einem klärenden Gespräch und die Forderung, daß der Partner sich ändern soll, damit es einem selber besser gehe.

Ich empfinde es immer wieder als erschreckend, zu welchen Plattheiten die Kommunikation von Eheleuten schrumpft. Nachdem von Innigkeit schon lange keine Rede mehr sein kann, bleiben schließlich nur noch spärliche alltägliche Verbindungswege offen. Bemühungen, dieser von beiden Partnern schmerzlich empfundenen Entfremdung entgegenzuwirken, führen eher dazu, daß jeder die Anstrengungen des andern als Angriff mißdeutet, was beide wiederum zu einer ständigen Abwehrbereitschaft nötigt. Wenn sie ihm einen schönen roten Apfel zuwirft, weicht er aus und läßt ihn fallen, in der Meinung, es sei eine faule Tomate! Diese Störungen, wie Mißtrauen und Mißverstehen („Ich glaubte, daß du glaubtest, ich könnte vielleicht annehmen..."), bieten sich geradezu für die Transaktions-Analyse an. Die TA zeigt klipp und klar, wie zwei Menschen (oder mehr) hier und jetzt miteinander umgehen und warum sie das tun. Unsere meisten Transaktionen werden von unserem Skript bestimmt. Dieses haben wir als unseren durch frühkindliche Entscheidung getroffenen Lebensplan kennengelernt. Dieser wiederum steht in einem engen Zusammenhang zu unserer Grundhaltung, unserer Zeitgestaltung, unseren Spielen und unseren Gefühlsmaschen.

Herr N. kam als Kind zu der Folgerung: „Ich werde wohl nie glücklich sein." Er mag dafür seine guten Gründe gehabt haben, denn jedesmal wenn er als Kind glücklich war, fand er sich hinterher durch das kritische Eingreifen seiner Eltern enttäuscht. Diese Entscheidung seines traurigen K, dessen Wortlaut er schon längst vergessen hat, wirkt aber immer noch in seinem fortlaufenden Beschluß: „Ich darf mir nicht erlauben, glücklich zu sein, um nicht enttäuscht zu werden." Um sich selbst vor Enttäuschung zu schützen, hält Herr N. seine Depressions-Maske aufrecht, indem er Ehespiele betreibt, die sich mit einer solchen Maske auszahlen, also vorwiegend Spiele, in denen er eine Opfer-Rolle einnehmen kann.

Dieses Beispiel zeigt, wie das Skript eine Partnerbeziehung, ja sogar Partnerwahl bestimmt. Die Ehe kann eine Bühne darstellen, auf der die Ehepartner wieder frühere Familiendramen aufführen. So beklagte sich ein Ehemann über die Gefühlskälte seiner Frau. Seine Mutter war ausgesprochen warmherzig, nährend und fürsorglich, und das erwartete er jetzt auch von seiner Frau. Ein anderer findet sich von seiner Frau zu sehr kontrolliert, weil er als Kind seine Mutter als zu beherrschend über seinen Vater empfand und er beschlossen hatte, nicht so wie sein Vater zu werden. Oder eine Ehefrau ist ärgerlich auf ihren Mann, weil sie immer noch auf ihren Bruder wütend ist. Sie setzt also ihrem Mann das Gesicht ihres Bruders auf. Eine andere klagt, daß ihr Mann sich nicht genügend um sie kümmere. Als Kind hat sie sich von ihrem Vater nach seiner Scheidung von ihrer Mutter im Stich gelassen gefühlt.

Aus Familiendramen können vom Skript programmierte Partnerwahlen entspringen. Eine Frau ist unersättlich in emotionaler Zuwendung von seiten ihres Partners, weil sie als Kind von ihrem Vater keinerlei Liebe erfahren hat. Ihre Sprache (am liebsten die eines Babys) und ihr Gehabe lassen sie schnell als kleines Mädchen erkennen, das einen großen Pappi zum Partner hat, der sie in ihrer Rolle seinerseits bestärkt. Ebenso wird sich natürlich ein Mann, dessen Skript die unterwürfige Haltung eines „Pantoffelhelden" fordert, zu einer Frau hingezogen fühlen, deren Skript nach einer „big Mama" verlangt (und umgekehrt). Solche Lebensskripts nennt man *komplementär*, da die Einschärfungen der beiden Personen zueinander passen. Bei dem Paar O. lautet sein Skript: „Heirate, aber komm ihr nicht zu nahe". Seine Mutter fürchtete sexuelle Gefühle und heiratete einen Mann, dem Körperkontakt zuwider war. Das

Skript von Frau O. gebietet: „Heirate, aber sei keine Frau." Ihr Vater hatte sich einen Jungen gewünscht und somit ihre Weiblichkeit mißbilligt. Herr und Frau O. haben sich gegenseitig erwählt, da ihre Skripts sich ergänzen. Ihre Ehe besteht hauptsächlich aus Spielen, wie „Wenn du nicht wärst, Aufruhr, frigide Frau", mit denen sie Innigkeit vermeiden, sich aber die ihnen bekannte Zuwendung verschaffen. Die meisten Ehepartner haben solche komplementären Skripts, ohne daß ihr ER sich dessen bewußt ist, da die Ehe auf einem skriptgebundenen Vertrag zwischen den beiden K begündet ist. Entsprechend werden die Partner auch komplementäre, sich ergänzende Ränkespiele spielen, wie z.B. „Hab ich dich endlich, du Schweinehund" und „Schlag mich" oder „Makel" und „Dumm". Wie diese komplementären Spiele und Skripts ineinandergreifen und sich verzahnen, läßt sich grafisch verdeutlichen, wenn die Miniskripts der beiden Partner mit ihren komplementären Antreibern und Bremsern ineinander gezeichnet werden oder wenn die beiden Egogramme mit ihren komplementären Ich-Zuständen (meist EL und K) zusammengefügt werden. – Schließlich können auch im Drama-Dreieck die einzelnen Positionen verdeutlicht werden, wenn die Partner – einer als Verfolger, der andere als Opfer – im Therapeuten oder irgendeinem Bekannten einen Retter suchen: „Sie müssen mir doch recht geben, daß meine Frau eine Schlampe ist" (Verfolger) und: „Habe ich ihnen nicht gleich gesagt, wie gräßlich mein Mann mich behandelt?" (Opfer). Ob es zu einem weiteren Rollenwechsel innerhalb des Drama-Dreiecks kommen wird, hängt davon ab, ob der dritte sich als Retter haken lassen und damit in das dreihändige Spiel „Gerichtssaal" einsteigen wird oder nicht.

Durch Ränkespiele verschaffen wir uns über krumme Touren die lebensnotwendige Zuwendung (wenn auch nur negative), indem wir durch sie unsere schlechten Gefühlsmaschen aufrechterhalten. Um deine eigenen Ehe-Maschen herauszufinden, kannst du dir – wenn du willst – folgende Fragen [4] beantworten: Versäumst du, deinem Partner deine Liebe zu bezeugen, außer du willst mit ihm ins Bett? – Wenn dir alles leicht von der Hand geht, glaubst du dann: „Das kann nicht von Dauer sein?" – Hast du außereheliche Beziehungen, deretwegen du dich schuldig fühlst, aber sie trotzdem unterhältst? – Hältst du innige Gefühle deinem Partner gegenüber zurück, aus Angst, er/sie könnte dich abweisen oder verletzen? – Fühlst du dich enttäuscht oder hintergangen, weil deine Ehe nicht nach deinen Wünschen verläuft? – Grollst du nach einer Meinungsverschiedenheit, weil du nicht deinen Willen hast? – Hängen deine Glücksgefühle von deinem Partner ab? – Suchst du laufend Vergewisserung der Liebe deines Partners zu Dir und zweifelst immer noch? – Wärmst du alte Zwistigkeiten auf, um vielleicht einen Streit mit deinem Partner zu gewinnen? – Bist du grundlos eifersüchtig, wenn dein Partner irgendeine Zuneigung dem anderen Geschlecht gegenüber zeigt? – Fühlst du dich persönlich angegriffen, wenn dein Partner nicht mit dir übereinstimmt? – Wertest du positive Zuwendung ab, die du von deinem Partner erhältst? – Gibst du deinem Partner nach und ärgerst dich hinterher darüber? – Kannst du die meisten Fragen ehrlich verneinen, so bist du zu beglückwünschen, da du auf der Skriptskala zum Gewinner hin liegst! Mußtest du die meisten bejahen, kannst du dir mit deinem ER deine Ehe-Rabattmarken-Sammlung ansehen und dir überlegen, ob du sie nicht besser wegwirfst, statt sie gegen schlechte Maschen einzutauschen. Du kannst herausfinden, wie du als Kind zu diesen Maschen gekommen bist und ob diese noch Sinn für dich haben. Du kannst sie ablegen und durch gerade, offene Transaktionen und Gefühle ersetzen. Du kannst lernen zu unterscheiden zwischen Gefühlen, die deine Ehe untergraben, und solchen, die ihr beide als schön empfindet. – Du kannst die Vor- und Nachteile abwägen zwischen Ränkespielen und Innigkeit. Dich zu öffnen und geradeheraus zu sein mag dir gefährlich erscheinen. Innigkeit fordert von dir, dich und deinen Partner zu bejahen. Das könnte dein EL mißbilligen, dein K lieber nicht tun und dein ER für nicht notwendig erachten. Du kannst dich entscheiden, keine Innigkeit haben zu wollen. Aber dann bekenne dich dazu, und du brauchst keine Spiele zu treiben, um Innigkeit zu vermeiden.

Gefühlsmaschen können deine Ehe zugrunde richten. Dein ängstliches oder argwöhnisches K vermag deinen sexuellen Spaß zu vereiteln, indem es z. B. Argwohn-Rabattmarken einlöst durch Verweigerung oder übermäßige Forderung von Sexualität. Selbst wenn du glaubst, Sexualität richtig zu genießen, kannst du Rabattmarken beiseite legen, indem du dich deinem Partner über Schönes oder Mißempfindungen nicht mitteilst oder gar weiter glaubst, daß Sex schmutzig ist. – Trotz Sex-Filmen, Sex-Shops, Sex-Reklame, Sex-Tinkturen und Sex-... usw. gehören Sexualstörungen zu den meistbeklagten Eheproblemen (oder vielleicht gerade deshalb?). Jedenfalls erhalte ich die meisten auf diesem Gebiet Ratsuchenden durch Überweisung von Frauenärzten, zu denen Frauen von ihren scheinbar so sehr besorgten Männern zunächst einmal hingeschickt werden, um „zu sehen, ob sie überhaupt normal gebaut und veranlagt sind".

Dein K erfindet alle möglichen Ausflüchte, um dein k-EL zum

Schutze recht nahe zu halten. Hat es keine äußeren Gründe mehr zur Hand, trumpft es seine letzte, wohl stärkste Macht auf: sein magisches Denken. Du kannst Jahre damit verbringen, auf ein oder das große Wunder zu warten, ohne etwas von dir aus dazu zu tun, ähnlich der Ehefrau, die „frigide Frau" spielt und damit ihr Dornröschen-Skript erfüllt. Sie wartet bereits zwanzig Ehejahre auf den Märchenprinzen, der sie mit „wahrer Liebe" erwecken und von ihrem widerwärtigen Ehemann befreien wird. Und wenn sie nicht gestorben ist, wartet sie heute noch.

Das mag übertrieben klingen, aber vielleicht wartest auch du noch irgendwie auf den Weihnachtsmann? – Vielleicht ist deine Ehe sogar zu einem gewissen Teil auf solch magischen Vorstellungen begründet, wie einige Antworten zeigen auf die Frage, warum geheiratet wurde: „... weil ich dachte, daß es schön wird, weil ich glaubte, ihn wirklich zu lieben, weil es die anderen auch taten, weil ich von meiner Familie wegwollte, weil ich mit meiner Einsamkeit nicht fertig wurde, weil ich glaubte, es sei das beste für unser Kind, weil ich ein anderes Verhältnis vergessen wollte, weil ich glaubte, daß nach der Hochzeit alles anders würde..."

Und jetzt fühlst du dich vielleicht geprellt, d.h., dein K macht deinen Partner verantwortlich für deine schlechten Gefühle. Dieser hat jedoch mit Sicherheit nicht solch mächtige Kontrolle über deine Gefühle, wie das magische Denken deines K meint. Mit deinem ER kannst du das erkennen. Du bist auch verantwortlich für deine Änderung, und dein Partner ist verantwortlich für die seine. Dein EL erwartet vielleicht, daß sich dein Partner erst ändern muß, bevor du dazu bereit bist. Das würde bereits wieder ein Abschieben der Verantwortung bedeuten. Zum Beispiel ein Paar hat gute Besserungsvorschläge für seine Ehe erarbeitet. In der nächsten Stunde berichtet sie: „Es hat nicht geklappt, er hat mich gleich zu Hause wieder angebrummt, dabei habe ich wirklich nichts getan, warum warst du so?" „Als wir nach Hause fuhren, habe ich meine rechte Hand neben sie gehalten und wollte mal sehen, ob sie wirklich an einer neuen Beziehung interessiert ist. Aber sie hat sie nicht genommen." „Woher sollte ich denn wissen, daß du gerade das willst!"

Hast du dich entschlossen, deine alten Skript-Botschaften aus deiner Ehe zu entfernen, so wirst du dich bei deiner neuen Arbeit immer wieder zu dem alten Skript-Verhalten und zu vertrauten Gefühlen hingezogen fühlen. Und du wirst dann zu kämpfen haben, um dich aus deinen alten Familiendramen zu befreien. Vielleicht zögert dein K, die gewohnte Art der Zuwendung aufzugeben, aus Unsicherheit, ob eine andere, neue Weise überhaupt funktionieren wird. Durch

Übung des Neuen wirst du dein K überzeugen können, wenn du willst, und du kannst lernen, deine und deines Partners Ich-Zustände zu erkennen und zu gebrauchen. Dann kannst du dich und deine Ehe von überholten K-Entscheidungen sowie unsinnigen EL-Einschärfungen und Abwehrhaltungen befreien.

In deinem EL kannst du den Teil, der dir, deiner Ehe und deiner Familie krankhaft erscheint, ersetzen durch ein EL deiner Wahl, mit dem du dir und anderen ein besseres EL sein kannst, als es deine Eltern dir je sein konnten.

Durch dein ER kannst du sehr nützliche Tatsachen über dich und deinen Partner (insbesondere über euer K) erfahren, die dir bislang gar nicht bewußt waren. Je mehr du dein ER zu gebrauchen lernst, desto besser wirst du es in und außerhalb deiner Ehe und Familie einsetzen können. Du kannst beschließen, deinem k-EL kein Gehör mehr zu schenken und dafür selber neue bessere Entscheidungen zu treffen. Mit etwas mehr ER-Kontrolle über deine Transaktionen kannst du dich deines Partners wieder erfreuen und seine Andersartigkeit annehmen.

Dein K kannst du frei lassen, so daß es sich nicht mehr in komplizierte Gefühlsmaschen verstricken muß, um Zuwendung zu erhalten. Du kannst direkt danach fragen, z. B. deinen Partner. Dein K braucht keine Angst vor dem kritischen EL zu haben, dafür kann es jetzt Spaß und Innigkeit genießen, z. B. mit dem K deines Partners. Dann braucht sich dein K nicht zu schämen, sondern kann sich gutfühlen, wenn du ja sagst zu dir selber, wenn du dich nimmst, wie du bist.

Wenn du eine geplante Scheidung nach Anwendung der gelernten TA-Möglichkeiten nicht zurücknehmen willst, so sei dir sicher darüber, daß es nicht eine Skriptforderung ist (z. B. Wenn es brenzlig wird, mach dich aus dem Staub), sondern eine ER-Entscheidung, die dich später nicht mehr reuen wird. – Willst du aber mit deinem Partner zusammen bleiben, schreibt einen neuen Ehevertrag, wobei dein und deines Partners EL, ER und K zu Worte kommen. Für eine bessere Ehe ließe sich z. B. verhandeln über:

1. Kein gegenseitiges Abwerten, keine Machtkämpfe, dafür mehr gegenseitige *Toleranz*.
2. Keine Lügen, keine Geheimnisse der Gefühle. Sag, wie du dich *fühlst*.
3. Kein Verfolger, kein Opfer, sondern *Gleichheit*.
4. Kein Retten, äußere *deine* Wünsche.
5. *Viel* Freude (oder was du sonst möchtest) miteinander.

Einer zerrütteten Ehe wieder einen Sinn zu geben, ist ungeheuer mühsam für alle Beteiligten. Deshalb mein persönlicher, inständiger Aufruf an alle Heiratswilligen, doch *vorher* die hier kurz skizzierten häufigsten Störungen, die in der Eheberatung täglich, beinahe stündlich anfallen, mit einem ungetrübten ER zu überprüfen, insbesondere, wenn beide sich in andere Sphären entrückt fühlen (wie auf den schönen Gemälden Chagalls). Wie schade, wenn sie eines Tages brutal in eine fremd gewordene Wirklichkeit zurückfallen müßten. – Eben das kannst du vermeiden, indem du sämtliche Ich-Zustände gebrauchst, jeden zu seiner Zeit und damit deine und deines Partners Lebenshaltung, Rabattmarkensammlung, Skript, Maschen und Spiele herausfindest und dann siehst, ob ihr zusammenpaßt. – Schmusen ist sehr schön und auch wichtig. Jedoch darauf allein aus Mangel an sonstiger, nicht sexueller Zuwendung eine Ehe zu begründen kann gefährlich werden. Du kannst also lernen, eigenständig zu werden und dich zu bejahen.

Eine Ehe – ebenso wie jede tragfähige zwischenmenschliche Beziehung –, die aus zwei eigenständigen Persönlichkeiten besteht, ist ungeheuer bereichernd und schön. Fritz Perls faßt das in den schlichten Worten zusammen:

> Ich gehe meinen Weg, und du gehst deinen Weg,
> Ich lebe nicht in dieser Welt, um deinen Erwartungen zu entsprechen, und du lebst nicht in dieser Welt, um den meinen zu entsprechen,
> Ich bin ich, und du bist du,
> Und wenn wir uns begegnen sollten – ist es wunderschön.

Literaturverzeichnis

(TA = Transaktions-Analyse)

1. TA-Literatur

[1] Berne, E., Spiele der Erwachsenen, Rowohlt 1967. Kindler 1975.
[2] Berne, E., Was sagen Sie, nachdem Sie Guten Tag gesagt haben, Kindler 1975.
[3] Berne, E., TA in Psychotherapie, N. Y. Grove Press 1961.
[4] Campos & McCornick, A TA Primer, Stockton 1972.
[5] English, F., TA und Skript, (in Vorbereitung).
[6] Goulding, R., Neue Richtung in TA, in Gruppentherapie.
[7] Harris, T., Ich bin o.k. – Du bist o.k., Rowohlt 1974.
[8] James & Jongeward, Spontan leben, Rowohlt 1974.
[9] Kahler, T., The Miniscript TAJ Vol. IV Nr. 1 1974.
[10] Steiner, C., Games Alcoholics Play N. Y. Grove Press 1971.
[11] Woolams, S., TA in Brief, Huron Valley Institute 1974.
[12] Schiff, J. Cathexis Reader.
Schiff, J. Alle meine Kinder, Kaiser Verlag.

II. Nicht TA-spezifische Literatur

Anderegg, E., Die tausend Masken der Resignation und das Antlitz der Hoffnung, Herder 1976.
Beethoven, L., Heiligenstädter Testament.
Bonhoeffer, D., Widerstand und Ergebung, Chr. Kaiser 1970.
Braasch, F., Jeder Mensch braucht Zukunft, Herder 1976.
Cremerius, J., Psychoanalyse und Erziehungspraxis, Fischer 1971.
Deich, F., Windarzt und Apfelsinenpfarrer, Herder [11]1975.
Erikson, E., Kindheit und Gesellschaft, Klett 1974.
Frankl, V., Der Mensch auf der Suche nach Sinn, Herder 1972.
Fromm, E., Anatomie der menschlichen Destruktivität.
Fromm, E., Gespräche über das Leben.
Fromm, E., Die Kunst des Liebens, Ullstein 1956.
Harsch, H., Hilfe für Alkoholiker u. a. Drogenabhängige, Kaiser/Grünewald 1976.
Luther, M., Von der Freiheit eines Christenmenschen.

Mandel, A., Einübung in Partnerschaft, Pfeiffer 1975.
Meves, Ch., Manipulierte Maßlosigkeit, Herder [17]1976.
Meves, Ch., Wunschtraum und Wirklichkeit, Herder [7]1975.
Meves, Ch., Erziehen lernen, b.s.v. München 1973.
Meves, Ch., Verhaltensstörungen bei Kindern, Piper 1974.
Michel, Ch. – Novak, F., Kleines Psychologisches Wörterbuch, Herder 1975.
Neill, A. S., Theorie und Praxis der antiautoritären Erziehung, Rowohlt 1969.
Neill, A. S., Das Prinzip Summerhill, Rowohlt 1971.
Neill, A. S., Summerhill Pro und Contra, Rowohlt 1971.
Peck, J. H., Alles über die Frauen, dtv 1966.
Peck, J. H., Alles über die Männer, dtv 1966.
Perls, F., Grundlagen der Gestalt-Therapie, Pfeiffer 1976.
Perls, F., Gestalt-Therapie in Aktion, Klett 1974.
Raabe, W., Der Hungerpastor.
Rogers, C., Entwicklung der Persönlichkeit, Klett 1974.
Ruthe, R., Zum Teufel mit der Eifersucht!, Herder 1976.
Saint-Exupéry, A., Der Kleine Prinz.
Saroyan, W., Menschliche Komödie, Fischer 1957.
Satir, V., Selbstwert und Kommunikation, Pfeiffer 1975.
Spitz, R., Vom Dialog, Klett 1974.
Schiller, F., Ästhetische Erziehung des Menschengeschlechts.
Schiller, F., Anmut und Würde.
Schweitzer, A., Die Lehre der Ehrfurcht vor dem Leben.
Stevens, J., Kunst der Wahrnehmung, Ch. Kaiser 1975.
Stifter, A., Wen man wählt, und wen nicht.
Wiechert, E., Missa sine nomine.
Zulliger, H., Heilende Kräfte im kindlichen Spiel, Fischer 1970.
Zweig, S., Vierundzwanzig Stunden aus dem Leben einer Frau.
Zweig, S., Ungeduld des Herzens.

Gesicht in der Menge

1982 wird die Herderbücherei 25 Jahre alt. Rund 1000 Taschenbücher hat sie seit 1957 herausgebracht. Rücken an Rücken gestellt, nehmen sie 11,78 m Regalfläche ein. 20 Millionen Bände sind seither über die Packbänder des Verlages gegangen. Damit werden, einer Allensbacher Umfrage zufolge, 6 Millionen Leser erreicht, 40 % davon sind protestantischer Konfession.

Katholische und evangelische Theologen bestreiten in brüderlicher Eintracht das umfangreiche *religiöse* Programm. Große Beachtung fand kürzlich die neue Edition „Worauf es ankommt", der Versuch, eine kleine Glaubensbibliothek im Taschenbuch vorzulegen. Besondere Aufmerksamkeit wendet die Herderbücherei neuerdings den großen Weltregionen zu. Auch die schöne Edition „Texte zum Nachdenken" von Gertrude und Thomas Sartory herausgegeben, erinnert immer wieder daran, daß es eine *allen* Menschen gemeinsame religiöse Wurzel gibt. So öffnet sich der Blick auf eine neue *größere* Ökumene im Zeichen des Zusammenwachsens der Völker und Kulturen zu *einer* Welt.

Lebensorientierung und Lebenshilfe ist das zweite große Arbeitsfeld der Herderbücherei. Erfahrene Therapeuten wie Rudolf Affemann, Joachim Bodamer, Christa Meves, Reinhold Ruthe, Klaus Thomas und Paul Tournier geben dieser Taschenbuchsparte Gesicht und Gewicht. Hier geht es nicht um billige Anpassungsrezepte, sondern um konkrete Anregungen, wie man das Schicksal aus eigener Kraft gestalten kann. In Lebensfragen gilt die Herderbücherei als Nr. 1 unter den deutschen Taschenbuchverlegern.

Vordergründige Tagesdiskussionen hat die Freiburger Taschenbuchredaktion nie als ihre Sache betrachtet. Aber in einem tieferen Sinne ist ihr Programm hochaktuell. Weichenstellungen werden aufgedeckt, wenn etwa in dem von Gerd-Klaus Kaltenbrunner herausgegebenen

Taschenbuchmagazin INITIATIVE über die Pillenpest oder den Richterstaat, über die Rolle des Militärs oder das Schmarotzertum als moderne Lebensform diskutiert wird. Mit den von den Feministinnen aufgeworfenen Fragen nach der Rolle der modernen Frau beschäftigt sich eine eigene Serie „... *besonders für Leserinnen*". 1980 begann die Redaktion, Erinnerungen bekannter Vertreter der Vorkriegs- und Kriegsgeneration zu publizieren, um damit dem verstummten Gespräch zwischen jung und alt neue Impulse zu geben.

Die Redaktion der Herderbücherei ist sich bewußt, daß sie nicht nur Ware, sondern auch Wirkung produziert. „Ein Programm dieses Anspruchs läßt sich nur durchhalten", wenn man nicht unter dem Zwang des „Monatsausstoßes" steht. Herder beschränkt sich daher auf maximal 8 Taschenbuchnovitäten im Monat.

Vorbedingung für ein klares Profil ist aber auch die Unabhängigkeit gegenüber dem Lizenzhandel. Fast alle Bände werden eigens für den Taschenbuchleser geschrieben. Die Herderbücherei ist heute der Taschenbuchverlag mit dem höchsten Anteil an Originalbeiträgen. Autorenverträge werden auf Jahre im voraus abgeschlossen. Auch ein modernes Massenmedium bedarf der geistigen Entwicklung von langer Hand.

Bei aller „Planwirtschaft" kommt der Humor nicht zu kurz. Wer Aufheiterung und Lesespaß sucht, findet ein reiches Angebot an Schmunzelgeschichten über Kinder und Kirche, Anekdoten und Zeitglossen, Witze und Cartoons. Für Leser, die das Gruseln lernen wollen, gibt es eine eigene schwarze Serie mit „Unheimlichen Geschichten".

Friedrich Braasch
Nütze deine besten Stunden

Band 675, 144 Seiten

Eheliche und familiäre Schwierigkeiten können dadurch entstehen, daß der eine Ehepartner ein Frühaufsteher, der andere ein sogenannter Nachtmensch ist, oder daß ein Kind völlig aus dem Rahmen des Rhythmus fällt, den die übrigen Mitglieder der Familie einhalten. Oft werden solche Probleme an den Arzt herangetragen, und er soll dann einen Rat erteilen. Der Verfasser, der sich mehr als zwei Jahrzehnte als Psychiater und Psychotherapeut mit diesem Problem befaßt hat, gibt im vorliegenden Bande die Antwort. Lebendig geschilderte Beispiele erläutern seine theoretischen Darstellungen. Darüber hinaus zeigt er auf, daß viele Überforderungen auf die Nichtbeachtung des Antriebsrhythmus zurückzuführen sind. Selbst spezifische Schlafstörungen lassen sich zuweilen beseitigen, sobald man seinen zirkadianen Tag- und Nachtrhythmus herausgefunden hat. Hierzu geben die Ausführungen des Autors wertvolle und auch brauchbare Anleitungen.

Deutsches Ärzteblatt

in der Herderbücherei

Paul Tournier
Im Angesicht des Leidens

Sinnerfahrung in dunkler Stunde

Band 1003, 160 Seiten

Leiden zwingt zur Wahrheit. Da versagen die schönen Illusionen und die billigen Tröstungen, die unsere Zeit bereithält. Wir müssen uns der Wirklichkeit stellen. Man kann daran zerbrechen. Man kann aber auch mitten in einer dunklen Stunde die Erfahrung machen, daß wir trotz allem getragen sind von der Güte des Schöpfers. Gewiß wird durch diese Einsicht nichts hinweggenommen von der Trauer und den Tränen, aber – in dem Schmerz reift eine Kraft , die oft auch Krankheit und Krise besiegt. Diese Beobachtung hat der bekannte Genfer Tiefenpsychologe in seiner mehr als 50jährigen psychotherapeutischen Praxis immer wieder gemacht. Er belegt sie hier durch viele ermutigende Beispiele.

in der Herderbücherei